はじめに

　新型コロナウイルス感染症で「感染症」が改めてクローズアップされています。子どもにとって感染症は日常にみられる病気です。しかし麻しんのように高い予防接種率により日本ではほとんどみられなくなった感染症が、突然外国から持ち込まれて大慌てをすることがあります。また、ヘルパンギーナのように毎年夏に流行する季節性の高い感染症や、かつての風しんのように数年に一度大流行する感染症、新型コロナウイルス感染症のように突如として現れる感染症などさまざまであり、保育の場では常に感染症の最新の知識と情報を抑えておく必要があります。

　ここ数年で予防接種の種類が劇的に増え、しっかり免疫を獲得するためには生ワクチンでも複数回の接種が必要であるという考え方も浸透し、予防接種で感染を防ぐことができる病気が多くなりました。しかし全ての感染症にワクチンが用意されているわけではなく、子どもが成長する過程で、かぜなどの感染症の洗礼は避けて通れません。

　子どもたちは身体の触れ合う遊びや人との関わりを通して社会性やコミュニケーション能力を育んでいきます。この触れ合いによる育みのなかでどのように感染対策を進めていくかを保育者は考えていく必要があります。

　この本は各々の感染症の病原体の特徴や潜伏期、感染経路といった、集団生活のなかでの感染予防・拡大防止に必要な知識や対応方法に重点をおいて作成しています。子どもたちが人との触れ合いや関わりのなかで心身ともに健やかに成長していくため、このマニュアルを保育の日常で気軽に手に取っていただき、役立てていただけることを願っております。

東京かつしか赤十字母子医療センター院長・小児科医
三石 知左子

チャイルド本社

もくじ

4章 症状に対する具体的な対応と心のケア

5章 園の感染症リスク管理

6章 資料編

本書の使い方

　感染症の基礎知識から感染対策、園で流行しやすい感染症についてなど、保育者が知っておきたい情報をまとめました。

　乳幼児の健康や安全に関する共通認識を深め、感染症対策に園全体で取り組むために、役立ててください。

「主な症状/園で注意すべき点」
その感染症にあらわれる症状の特徴と、園でできる感染対策や感染を拡大させないための注意点を紹介します。

「関連情報」
その感染症への理解が深まる関連情報を紹介します。

新型コロナウイルス感染症
2019年末に発見されたウイルス

主な症状
- 37.5度以上の発熱
- のどの痛み
- 熱性けいれん
- 犬が吠えるような咳
- 無症状

園で注意すべき点
- 換気をよくする
- 手洗いや手指の消毒の徹底
- 咳エチケットの徹底とマスク着用可能な子どもはマスクをする
- 人との距離をとる
- 体調不良のとき登園を控えてもらう
- 家族に体調不良者がいる場合も、登園を控えてもらう
- 家族のなかに濃厚接触者がいた場合は、ともに自宅待機も協力してもらう

病原体
新型コロナウイルス（SARS-CoV-2）
主な感染経路
飛沫感染　接触感染　エアロゾル感染
潜伏期間
1〜14日（多くは5〜6日）
オミクロン株は2〜3日
感染力が強い期間
発症前2日〜発症後10日程度
流行時期
通年
予防接種
（任意）新型コロナウイルスワクチン
（生後6か月以上　2022年11月現在）

感染の疑いがある子どもがいた場合
園での対応
- すぐに別室に移し、他児と隔離する
- 保護者にかかりつけ医や発熱相談センターに電話相談するよう促し、受診結果は必ず園に報告してもらう
- 疑いのある子どもを看病した部屋や物品等は消毒・清掃を徹底する
※詳しくはP.82〜83「新型コロナウイルス感染症が疑われるときの対応例」

治療等
登園の目安（治療の判断は各学校保健所長が行う）

いろいろな検査があるけど、なにが違うの？

新型コロナウイルスの検査実施数が増え、さまざまな検査の名前を聞くようになりました。代表的な3つの検査について知っておきましょう。

	PCR検査	抗原検査（抗原定性検査）	抗体検査
検査の目的	現在感染しているかどうか		抗体ができているか
検体	鼻咽頭拭い液　鼻腔拭い液　唾液	鼻咽頭拭い液　鼻腔拭い液	血液
調べるもの	ウイルスの遺伝子	ウイルスのタンパク質	血液中のタンパク質
検査実施場所	検体を検査機関に搬送して実施	検体採取場所	検体を検査機関に搬送して実施
所要時間	およそ1日	およそ15〜30分	およそ1〜3日

PCR検査と抗原検査の違い

この2つの検査の大きな違いは、ウイルスから検出するものの違いです。PCR検査ではウイルスのもつ物質の「遺伝子の配列」を検出し、抗原検査はウイルス特有の「タンパク質（抗原）」を検出します。また感染力のないウイルスも抗原体も検出するので注意が必要です。

抗原検査は少ない時間で結果が出て特別な検査機器を必要としないため、速やかな判断が必要な場合に用いられます。

抗体検査とは

抗体の有無を確認する検査で、過去にそのウイルスに感染していたかがわかります。ウイルスに感染すると生成されるタンパク質（抗体）が血液中に存在するかを調べます。ウイルスに感染した場合だけでなく、ワクチンを打った場合にも抗体が検出されます。

一般的にウイルスは増殖や流行していく過程で、長く生き残るために？変異したり、時間と変わったりしていきます。これが変異です。コロナウイルスは今後も変異を繰り返すことが予想されるので、継続的な予防が必要です。

「園での対応」
園で感染の疑いがある子どもがいた場合の対応方法を紹介します。初期対応に役立ててください。

「ミニ知識」
知ると「なるほど！」のちょっとした感染症情報を紹介します。

※ウイルスのイラストは、擬人化したイメージです

1章

感染症の基礎知識

感染症のしくみや病原体、
その広がり方について、
基本的な情報を知っておきましょう。

感染症とは？

「感染」と「感染症」

　私たちは微生物と共存しています。健康な人でも、皮膚、口、鼻、のど、気管、胃腸などにさまざまな微生物がいて、その多くは身体になんの害も与えることなく、むしろ消化や生理的な働きを助けています。

　しかし、なかには人の身体に害をもたらし、病気を引き起こす微生物もいます。これを「病原体」といい、それが身体に入って増えた状態を「感染」といいます。病原体が入ったことで、身体のある部分が痛んだり、腫れたり、熱が出たりといったなんらかの症状を引き起こす病気のことを「感染症」といいます。

かぜも
感染症の
ひとつだよ

「感染」はしても症状が
出ないこともある

　病原体が身体のなかに入って増え、感染はしていても、人によっては症状が出ないことがあります。それは、個人の抵抗力に違いがあるからです。このように、感染はしていても症状を発症しない状態を「不顕性感染」といい、このような状態の人を「無症状病原体保有者（健康保菌者・キャリア）」といいます。

　そのまま病原体への抗体がつくられて消えていくこともあれば、人の身体に影響を与えることなく、共存し続ける場合もあります。

知らずに病原体を
人にうつして
しまう場合もある

私たちのまわりには
微生物がたくさん

微生物の多くは害を与える
どころか、私たちの身体を
守ってくれているよ

常在菌（じょうざいきん）です
ないと困るよ

しかし、なかには病気を
引き起こす微生物も……
これが

病原体

病原体が身体に入って
増えた状態が**感染**

感染しても、
症状が出ないことも……
これが **不顕性感染**

「無症状病原体保有者
（健康保菌者・キャリア）」
ともよばれる

感染によって、身体になんらかの
症状を引き起こす病気が**感染症**

発熱、咳、発しんなど、感染症の種類によって、
出る症状はさまざま

主な病原体の種類

ウイルスと細菌は別の病原体

　感染症を引き起こす主な病原体には「ウイルス」「細菌」「真菌（カビ・酵母など）」「寄生虫」などがいます。感染症を引き起こすそれぞれの病原体は、形態が異なり全く別の病原体です。"ウイルスには抗生物質が効かない"など、その特徴を理解していないと、対策を誤ります。病原体の特徴を大まかに把握しておきましょう。

ウイルス

　ウイルスは病原体の中では最も小さく、単体では増えることができないため、他の生物の細胞の中に入り込んで増えます。
　また、他の生物の中で自分自身をコピーして増やす際に、性質が変わることがあります。これを「変異」といいます。変異によって、感染したときに出る症状が重くなったり、一度かかった感染症に再びかかったりすることもあります。

病原体例● 新型コロナウイルス・インフルエンザウイルス・ノロウイルス など

細菌

　細菌はウイルスに比べてはるかに大きく、一般の光学顕微鏡でも見ることができます。
　細菌はひとつの細胞でできており、ウイルスと違い、栄養を取り入れエネルギーにし、自分自身の細胞を分裂して増えていきます。そのため、多くの細菌は他の生物に入り込まなくても生きていくことができます。

病原体例● サルモネラ菌・腸管出血性大腸菌（O157、O111など）・黄色ブドウ球菌 など

真菌

　カビやきのこ、酵母なども含みます。細胞でできていますが、細菌とは構造が違います。単体で増えるものと、他の仲間と合体して新しい細胞を増やすものがいます。

病原体例● カンジダ・白癬(水虫・たむし) など

寄生虫

　単体では生きていくことができず、人や動物の身体に住み着き、栄養を奪って生きる生物を寄生虫といいます。卵を産んで増えていきます。

病原体例● ぎょう虫・アタマジラミ など

ウイルスと細菌の違い

	ウイルス	細菌
増え方	人や動物など（宿主）の細胞の中に入って増える	単体で細胞分裂して増えることができる
引き起こされる感染症	• 新型コロナウイルス感染症 • 感染性胃腸炎（ノロウイルス、ロタウイルス、アデノウイルス） • かぜ症候群 • 麻しん（はしか） • 水痘（水ぼうそう）　など	• サルモネラ菌などの食中毒 　腸管出血性大腸菌感染症 　（O157、O26 など） • 百日咳 • 伝染性膿痂しん（とびひ） • 結核　など
対策	ワクチンで予防できるウイルスもある（抗生物質は無効）	一般的に抗生物質が有効
大きさ	約0.1マイクロメートル（光学顕微鏡では見えない。電子顕微鏡で見える）	約1マイクロメートル（光学顕微鏡で見える）

細菌は見えるけど
ウイルスは見えない！

感染の成立と発病

「3つの要素」で感染は成立する

感染が成立するには、①感染源、②感染経路、③感受性宿主（感染する可能性のある人）、という3つの要素が必要です。

3つの要素が重なったときに、感染が成立するということは、この3つの要素のひとつでもそろわなければ、感染は成立しないということです。

①感染源
- 感染した人、動物、昆虫、汚染された物や食品

感染

②感染経路
- 接触感染、飛沫感染、空気感染、経口感染、など
- ➡（詳しくはP.12）

③感受性宿主
- 病原体に対して免疫をもっていない人、感染の可能性がある人、など

「発病」とは

感染が成立し体内で病原体が増え、臓器や組織を破壊し始めることで、身体にさまざまな異常が生じます。その異常が発熱や発しんなどの症状として表れることを「発病」といいます。症状が出るまでの期間を「潜伏期間」といい、期間は病原体の種類によって様々です。

感染　　　　　　　　　　　　　　　発病

潜伏期間
（感染してから症状が出るまでの期間のこと）

| 感染 | 1日 | 2日 | 3日 | 4日 | 発病 |

主な感染症別 感染から発病までの期間

感染が疑われる場合は、発病する恐れがある期間に
外部との接触をできるだけ減らす必要があります

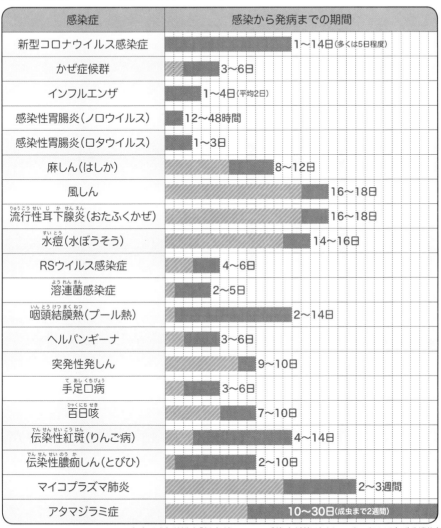

感染症	感染から発病までの期間
新型コロナウイルス感染症	1～14日（多くは5日程度）
かぜ症候群	3～6日
インフルエンザ	1～4日（平均2日）
感染性胃腸炎（ノロウイルス）	12～48時間
感染性胃腸炎（ロタウイルス）	1～3日
麻しん（はしか）	8～12日
風しん	16～18日
流行性耳下腺炎（おたふくかぜ）	16～18日
水痘（水ぼうそう）	14～16日
RSウイルス感染症	4～6日
溶連菌感染症	2～5日
咽頭結膜熱（プール熱）	2～14日
ヘルパンギーナ	3～6日
突発性発しん	9～10日
手足口病	3～6日
百日咳	7～10日
伝染性紅斑（りんご病）	4～14日
伝染性膿痂しん（とびひ）	2～10日
マイコプラズマ肺炎	2～3週間
アタマジラミ症	10～30日（成虫まで2週間）

参考：厚生労働省「保育所における感染症対策ガイドライン（2018年改訂版）」

自覚症状がない
潜伏期間で
感染させることが
あるよ

1章 感染症の基礎知識

11

感染経路

感染経路を断つ

　感染症を拡大させないためには、病原体が人の身体に侵入することを阻止しなければなりません。つまり、感染経路を断つことが感染を予防する重要な対策となります。

　日常生活において注意すべき主な感染経路としては「接触感染」「飛沫感染」「エアロゾル感染」「空気感染」「経口感染」があります。

　ひとつの病原体がひとつの感染経路しかもたないわけではありません。複数の感染経路をもつ病原体が多くいることを知っておきましょう。

飛沫感染

　飛沫を介して広がる感染。感染者の咳やくしゃみ、会話などの際に出る飛沫に病原体が含まれている。

<感染症の例>

新型コロナウイルス感染症・インフルエンザ・流行性耳下腺炎（おたふくかぜ）

接触感染

　感染している人との触れ合い（抱っこ・握手）や、病原体が付着している物（ドアノブ・手すり）に手で触れ、その手で口・鼻・目などに触れることで、病原体が体内に侵入し感染する。

<感染症の例>

新型コロナウイルス感染症・インフルエンザ・咽頭結膜熱（プール熱）・アタマジラミ症

エアロゾル感染

　飛沫よりも細かい粒子がしばらくの間空気中を漂い、その粒子を吸い込んで感染する。2m以上の空間まで広がる。

<感染症の例>

新型コロナウイルス感染症

空気感染

　感染している人からくしゃみや咳などで飛び出したしぶき（飛沫）が乾燥し、病原体だけが空気中に残り、残った病原体を吸い込むことで感染する経路。室内などの密閉された空間内で起こる感染経路。
<感染症の例>
麻しん（はしか）・水痘（水ぼうそう）・結核

経口感染

　病原体を含んだ飲食物、または汚染物を触った手指を介して口から侵入する感染経路。
<感染症の例>
感染性胃腸炎（ノロウイルス・ロタウイルス）

その他

●血液媒介感染
病原体を含んだ血液や体液が傷口や粘膜に接触して感染する経路。
<感染症の例>
B型肝炎・HIV

●蚊媒介感染
病原体をもった蚊に刺されて感染する経路。
<感染症の例>
日本脳炎・デング熱

園生活と感染症は
切っても切れない

　園に入園した途端熱が出たり、なんらかの感染症にかかったり、という話は少なくありません。それは、園生活と感染症は切っても切れない関係にあるからです。

　集団で生活をしていると、さまざまな病原体と接触する機会が多くあります。抗体の獲得途上にある抵抗力の弱い乳幼児は、感染症にかかりやすい状態にあります。さらに、子ども同士や子どもと保育者など人との距離が近く、感染症が広がりやすい環境にある、手に触れるものをなめる、正しいマスクの着用が難しいなど、衛生対策を十分にできにくいということも影響します。

　とはいえ、新型コロナウイルスの流行で、各園でも手洗いやうがい、消毒といった基本的な予防が徹底されてきています。また、予防接種を受けている効果もあり、インフルエンザなどの感染症は減っているという現状があります。

　さまざまな感染症の侵入と流行を完全に阻止することは不可能ですが、感染症が発生した場合は、その流行の規模を最小限にする対策を実行することが大切です。

MEMO

「園で感染症が起こりやすい理由」

・乳幼児は感染症に対する抵抗力を獲得途上である
・集団で生活をするなかで、さまざまな病原体と接触する機会が多い
・子ども同士や子どもと保育者間の距離が近く、感染症が広がりやすい
・手に触れるものをなめる、正しいマスク着用が難しいなど、衛生対策が
　十分にできにくい

2章

感染症の予防

感染を広げないために、予防は欠かせません。
正しい知識と具体的な予防策を知り、
有効で適切な備えをしておきましょう。

私たちにできる予防策

感染を広げないために

　感染は①感染源 ②感染経路 ③感受性宿主の3つの要素がそろって発生します。私たちがすぐに取り組むことのできる最も重要な感染予防は、②の感染経路で防ぎ、感染を広げないことです。あわせて①の感染源をなくすことや、③の感受性宿主の抵抗力を高めることも感染を広げないために必要です。

《私たちにできる対策》

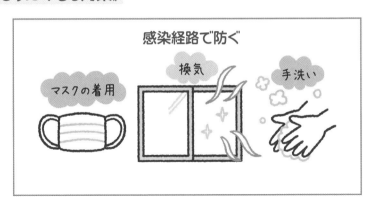

感染経路で防ぐ

マスクの着用　換気　手洗い

感染源をなくす

殺菌・消毒

感受性宿主の抵抗力を高める

ワクチン接種　体力をつける

標準予防策

　標準予防策とは、米国疾病対策センター（CDC）が提唱する医療機関における感染対策です。患者、医療従事者への院内感染を防ぐための対策です。

　標準予防策では、感染症の有無にかかわらず、患者の血液、体液、分泌液、排泄物、傷のある皮膚、粘膜は、感染の危険性があるものとして捉えて対応します。

　こうした対策は、保育現場でも有効です。誰もが伝播する病原体を保有しているかもしれないという前提に立ち、危険性のあるものに接することで、感染のリスクを低減できます。

具体的な予防策

　感染症の予防対策の基本は「手指衛生（手洗い・手指消毒）」「咳エチケットとマスクの着用」「環境衛生（日常の清掃と消毒）」です。次ページ以降に詳しい方法を記載しますので、確認しておきましょう。

「手指衛生（手洗い・手指消毒）」
➡P.18−19

「咳エチケットとマスクの着用」
➡P.20−21

「環境衛生（日常の清掃と消毒）」
➡P.22−23

具体的な予防策

手指衛生（手洗い・手指消毒）

　保育の現場では、子どもや職員の手を介して感染することが多くありますので、手洗いをして、感染経路を作らないことが重要です。

　ポイントは手指衛生を行うタイミングと正しい実践方法です。

《手指衛生が必要なタイミング》

子ども

- 登園時
- 退園時
- 遊び（外遊び、散歩、製作活動など）の後
- トイレの後
- 食事の前

職　員

- 登園時
- 退園時
- 遊び（外遊び、散歩、製作活動など）の後
- トイレの後
- 食べ物・飲み物など、清潔にする物を扱う前
- 食事の前
- 子どもの粘膜に触れる可能性のある場合の前（歯磨き指導、外傷の手当てなど）
- 汚染の可能性がある物に触れた後（特におむつ交換後、トイレ介助後、おう吐物処理後、傷処置後など）
- 使い捨て手袋を外した後

《手洗いのポイントと手順》

- 液体石けんが推奨されています。
- 流水を30秒以上かけて流しましょう。
- タオルの共有は絶対にしないようにしましょう。
- 液体石けんの中身を詰め替える際は、残った石けんは使い切り、よく洗って乾燥させてから詰め替えるようにしましょう。

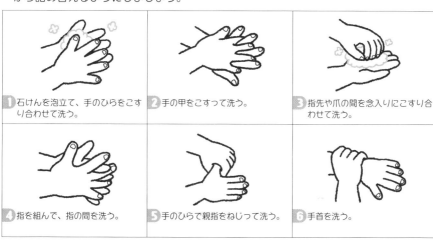

1. 石けんを泡立て、手のひらをこすり合わせて洗う。
2. 手の甲をこすって洗う。
3. 指先や爪の間を念入りにこすり合わせて洗う。
4. 指を組んで、指の間を洗う。
5. 手のひらで親指をねじって洗う。
6. 手首を洗う。

《手指消毒のポイントと手順》

- 手の汚れを落としてから行いましょう。
- 子どもたちには、流水での手洗いができない場合に補助的に行いましょう。
- ノロウイルスなどアルコールが有効でない病原体もあるので、できる限り手洗いを行いましょう。

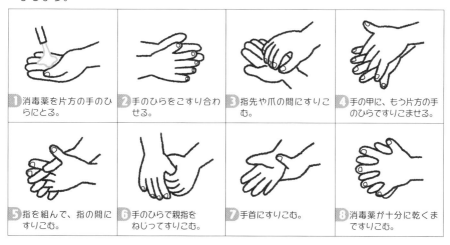

1. 消毒薬を片方の手のひらにとる。
2. 手のひらをこすり合わせる。
3. 指先や爪の間にすりこむ。
4. 手の甲に、もう片方の手のひらですりこませる。
5. 指を組んで、指の間にすりこむ。
6. 手のひらで親指をねじってすりこむ。
7. 手首にすりこむ。
8. 消毒薬が十分に乾くまですりこむ。

具体的な予防策

咳エチケットとマスクの着用

咳やくしゃみなどにより、唾液や鼻汁などが飛沫となって周囲に飛び散ったりしないようにするのが咳エチケットです。咳エチケットには3つの方法があります。

①マスクを着用する。
　（マスクは鼻からあごまで覆い、
　　すき間がないように着用する）

②マスクをしていないときに咳やくしゃみをする際
　は、ティッシュやハンカチなどで口や鼻を覆う。
　（ティッシュはすぐにふた付きのゴミ箱、もしく
　　はビニール袋などに入れ処理をする）

③とっさに咳やくしゃみをする際は、肘
　の内側や袖で覆う。

《マスクの正しい着け方と外し方》

■着け方

1 鼻にあてる部分を上にして、折り目をつける。	**2** ゴムひもを耳にかける。	**3** 小鼻にすき間ができないようにする。	**4** プリーツをあごの下まで伸ばして、鼻と口を覆う。

■外し方

1 表面に触れないように、ゴムひもをつまんで外す。	**2** ゴムひもを持ったまま捨てる。	**3** マスクを外した後は手洗い・手指消毒を行う。	**「気をつけよう」** 昼食などで一旦マスクを外す場合には、マスクは清潔な袋に入れ、表裏を混同しないようにしましょう。

《子どものマスク着用について》

　新型コロナウイルス感染症対策として厚生労働省と文部科学省は2歳未満の子どものマスク着用は推奨しません。また2歳以上の就学前の子どもは他者との距離にかかわらずマスク着用を一律には求めていません。

　マスク着用する場合は、保護者や周りの大人が子どもの体調に十分注意しましょう。

- 2歳以下、または自分でマスクを外すことができない子どもは窒息の危険があり使用は推奨されていません。
- マスクに頻繁に触れ、その手で周囲のさまざまなものに触れることで感染の危険が増します。乳幼児でマスク着用の理解が難しく、嫌がったり何度も外したりするなどの行動がみられる際は、マスクの着用は見送りましょう。
- なぜマスクが必要であるか、どのように着けることでウイルスや細菌を広げないか・もらわないかについて、子どもには発達段階に応じて説明する必要があります。

参考：全国保育園保健師看護師連絡会
「保育現場のための新型コロナウイルス感染症対応ガイドブック 第3版」

《子どもが園でマスクを着ける場合の留意点》

- 午睡中は必ず外しましょう。
- マスクを衛生的に使用できるよう、昼食前後や午睡後などで交換する、落として汚れてしまったときなどにも交換できるよう、多めの持参を依頼するなどの対応を行いましょう。
- 気温が高いときにマスクをすると、熱がこもったり、顔色が見えなくなったりするなど、熱中症の危険が生じます。そのため、熱中症予防も必要です。屋外の気温が高い場合は、マスクは着けず、子ども同士の距離を保って遊ぶなどの工夫が必要です。感染が拡大している場合はマスクの着用が推奨されるため、涼しい屋内での活動も検討しましょう。

環境衛生

　感染症発生時や、排泄物などによる汚染があった場合は、適切な消毒が必要になります。大事なことは、消毒の必要性を理解し、適切な消毒薬を使うことです。消毒薬は有害になることもあるので、子どもが直接触れないように注意します。

《消毒薬の種類と使い方》

　消毒をする場所などに合わせて、消毒薬を使い分けます。便やおう吐物、血液を拭き取る場合はアルコール類ではなく、次亜塩素酸ナトリウムを使用します。

	塩素系消毒液 （次亜塩素酸ナトリウム）	アルコール類 （消毒用エタノールなど）
消毒をする 場所・物	●調理・食事に関する用具 ●室内環境 ●衣類、シーツ類、遊具など	●手指 ●室内環境（ドアノブ・トイレの便座など） ●遊具
消毒の濃度	●0.02〜0.1% （※使用する製品の濃度を確認する） **0.02%の消毒液の作り方** 水3Lに塩素系消毒液を10mL **0.1%の消毒液の作り方** 水3Lに塩素系消毒液を50mL ※原液濃度が6%の塩素系消毒液を使う場合	●原液（薄めない）
注意点	●酸性の洗剤と一緒に使用しない ●サビが発生しやすいため、金属には使用不可 ●おう吐物などの汚れを十分に取り除いてから使用する ●使用する際は手袋を着用する ●漂白作用がある ●直射日光が当たらず、子どもの手の届かない所に保管	●傷や手荒れがある場合は使用しない ●引火に注意 ●ゴム製品や合成樹脂などは変質するので、長時間浸さない ●自然乾燥させる
有効な 病原体	●全ての微生物	●細菌（メチシリン耐性黄色ブドウ球菌など） ●ウイルス（新型コロナウイルス、インフルエンザウイルスなど） ●真菌
効きにくい病原体	———	●ノロウイルス、ロタウイルスなど

参考：厚生労働省「保育所における感染症対策ガイドライン（2018年改訂版）」の2021年8月の一部改訂では塩素系消毒液に『亜塩素酸水』の項目が追加されています

《保育室の清掃・消毒》

場所	頻度	清掃方法
テーブル	食事・おやつ前後	水拭き
椅子	食事・おやつ前後	水拭き
おむつ台	おむつ交換時	次亜塩素酸ナトリウム0.02%
おむつ交換マット	おむつ交換時	次亜塩素酸ナトリウム0.02%
使用済みのおむつを入れるバケツ(ふた付き)	おむつ廃棄時	次亜塩素酸ナトリウム0.02%
床	必要時	掃除機・水拭き
壁スイッチ	1日1回	水拭き後、アルコール消毒
ベッド柵	1日1回	水拭き
手洗い場	1日1回	水拭き

※おう吐・下痢発生時は0.1%の次亜塩素酸ナトリウム溶液で拭く。おう吐物や糞便が付着した床や衣類のつけ置きの場合も0.1%の次亜塩素酸ナトリウム溶液、または80℃のお湯を使用する。

《玩具の衛生管理》

　玩具や絵本などは、普段子どもたちが最も触れるものです。できる限り、洗浄や消毒のしやすい物を利用した方がよいでしょう。絵本は口に入れるなどしなければ、ウイルスの媒介のリスクは高くなく、消毒などの処理は不要とされています。しかし、紙にも24時間程度はウイルスが残存するとされており、絵本などの紙製品は隔日での使用にするなど工夫をしてもよいでしょう。

	通常時	おう吐・下痢発生時の消毒
ぬいぐるみ衣類	●定期的に洗濯 ●日に干す(適宜) ●汚れたら随時洗濯	●便やおう吐物で汚れたら、汚れを落とし、塩素系消毒薬の希釈液に10分浸し、水洗いする ※汚れがひどい場合には処分する
洗える物	●定期的に流水で洗い、日に干す ●乳児クラスは週1回程度 ※乳児が口に入れたりなめたりする物は、毎日洗う ●幼児クラスは3か月に1回程度	●便やおう吐物で汚れた物は、洗浄後に塩素系消毒薬の希釈液に浸し、日に干す
洗えない物	●定期的に湯拭きまたは日に干す ●乳児クラスは週1回程度 ※乳児が口に入れたりなめたりする物は、毎日拭く ●幼児クラスは3か月に1回程度	●便やおう吐物で汚れたら、よく拭き取り、塩素系消毒薬の希釈液で拭き取り、日に干す

参考：厚生労働省「保育所における感染症対策ガイドライン（2018年改訂版）（2021（令和3）年8月一部改訂）」

園内に潜む 病原体リスクマップ

病原体が潜むリスクの高い場所を知り、感染症対策に役立ててください。

《幼児クラス》

③ 玩具・絵本

② 加湿器

⑤ エアコン

④ 扉の取っ手・階段の手すり

① 食事・活動スペース

🦠🦠🦠 ▶病原体が潜むリスク高
🦠🦠 ▶病原体が潜むリスク中
🦠 ▶病原体が潜むリスクあり

《幼児クラス》

行動範囲が広がり活動量も増える幼児クラスでは、広範囲にわたって感染対策を行う必要があります。

①食事・活動スペース ➡ 🦠🦠

食事をする際はテーブルを清潔にすることが大切です。ごみ箱は足踏み式のふた付きにして、鼻水を拭いたティッシュなどから感染を広げないように注意が必要です。

②加湿器 ➡ 🦠🦠

気化式の加湿器の場合は、フィルターにカビが発生することがあります。発生したまま使うと、カビが空気中に放出されます。使用する際、水は毎日交換し、定期的にフィルターを洗浄・乾燥させましょう。

③玩具・絵本 ➡ 🦠

絵本・人形・ままごと道具・積み木など、共有の物は定期的に消毒、拭き取り、洗濯を行いましょう。

④扉の取っ手・階段の手すり ➡ 🦠🦠🦠

不特定多数の人が頻繁に行き来し、触れる場所は、リスクが高いと考えましょう。

⑤エアコン ➡ 🦠🦠

ウイルスやカビを拡散する可能性があるため、定期的にフィルターなどを清掃しましょう。

⑥トイレ・手洗い場 ➡ 🦠🦠🦠

常に清潔に保ちましょう。水道が蛇口式の場合は病原体が蛇口に付着しやすいので、特に注意が必要です。自動水栓が推奨されます。

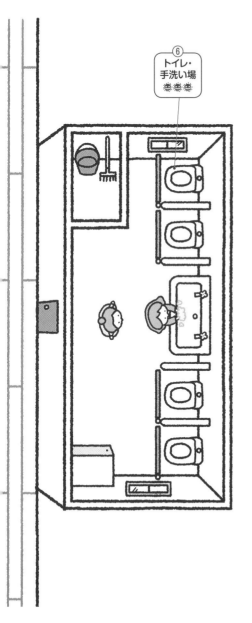

⑥
トイレ・
手洗い場
🦠🦠🦠

2 章 感染症の予防

病原体リスクマップ

園内に潜む

《乳児クラス》

③ 調乳室 🦠

① ドア・柵・スイッチ 🦠🦠🦠

② おむつ交換台・トイレ 🦠🦠🦠

⑤ 沐浴 🦠

④ 食事スペース 🦠🦠

⑦ 玩具 🦠🦠🦠

⑥ 睡眠スペース 🦠🦠

⑧ テラス・ベランダ 🦠

《園庭》

⑨ 植木鉢・ジョウロ 🦠🦠

⑪ 砂場 🦠

⑩ 遊具 🦠

⑫ 飼育小屋 🦠

⑬ プール・水遊び
0〜2歳児 🦠
3〜5歳児 🦠🦠

26

《乳児クラス》

手に触れる物をなんでもなめたり、口に入れたりする時期です。物品の衛生的な管理を行いましょう。

①ドア・柵・スイッチ➡😈😈😈

ドアやスイッチ、子どもが握る柵は不特定多数が頻繁に触るので、こまめに消毒を。

②おむつ交換台・トイレ➡😈😈😈

排泄物を介した接触感染を予防するため、おむつ交換は個別に行い、使い捨ての手袋とおむつ交換シートやおしり拭き等で拭き取り、使用後はまとめて密封処理します。

- 排泄物を扱うエリアは1日1回以上の清掃と消毒を行う
- おむつ交換後は一人ずつ手指衛生を行う
- 衣類の着脱時に、子どものお尻が直接交換台の上につかないよう、個別マットや使い捨てシートを敷く

③調乳室➡😈

調乳係を決め、管理や消毒を徹底しましょう。母乳対応時は個別で、取り違えには特に注意しましょう。

《園庭》

戸外にも病原体が存在していることを認識し、衛生管理を行いましょう。

⑨植木鉢・ジョウロ➡😈😈

雨水などがたまり、ボウフラ（蚊の幼虫）がわかないように注意しましょう。

⑩遊具➡😈

ブランコや三輪車など、共有で使う物がたくさんあるので注意しましょう。

⑪砂場➡😈

ごみや動物のフンがないか、遊ぶ前はチェックが必要です。夜間はシートで覆い、また定期的に掘り起こして砂全体を日に干しましょう。

④食事スペース➡😈😈

手づかみ食べをする子も多いので、食事前の手洗いは介助して、泡石けんと流水で念入りに行いましょう。

⑤沐浴➡😈😈

下痢の子どもの場合、沐浴槽でシャワーを使用して汚れを流すことは控えましょう。

⑥睡眠スペース➡😈😈

ベッド柵は毎日水拭きを。寝具類は週末や汚れたとき、家に持ち帰ってもらい、布団カバーなどを洗濯してもらいましょう。入眠時は子どもの顔と顔が近づかないよう、距離をとるように配慮しましょう。

⑦玩具➡😈😈😈

口に入れる玩具は個人ごとの使用とします。共有するときは使用後に洗浄と消毒をしましょう。

⑧テラス・ベランダ➡😈

風通しや日差しがある場所ですが、日常の清掃は必要です。

⑫飼育小屋➡😈

ウサギやニワトリ小屋などに入るときは、専用のエプロンをつけ、終了時は泡石けんと流水で手洗いをしましょう。

⑬プール・水遊び

0〜2歳児➡😈
ひとり用のタライでも、遊んだ後は必ず消毒をしましょう。

3〜5歳児➡😈😈
肌を出して密になりやすいので、子どもの健康管理やプールの衛生基準である遊離残留塩素濃度0.4〜1.0mg/Lの水質を保つ衛生管理が重要です。

汚物処理

おう吐物や排泄物には感染の原因となる病原体がたくさん含まれています。正しい処理方法を知り、感染を拡大させないように努めましょう。

〈おう吐物の処理〉

準備するもの

- 手袋、ビニール製の足袋、マスク、エプロン（全て使い捨て）
- ビニール袋（2枚） • ペーパータオル
- 次亜塩素酸ナトリウム（0.1%濃度）
- 布や雑巾（全て使い捨て）

① おう吐物を処理する職員以外は、別室に移動してもらい、おう吐物にペーパータオルや布をかぶせる。

入らないでね

※処理中、処理後ともに換気を行う

② ペーパータオルや布でおう吐物を集めてビニール袋に入れ、口をしっかりしばる。使ったエプロンなどもビニール袋に入れ、同様に処分する。

中央に

二重に

③ 消毒液をペーパータオルや布に染み込ませ、おう吐物が付着していた床と周囲を覆う。10分程たったら、水拭きをする。

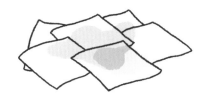

④ 処理をした人は石けんと流水で手を洗い、ペーパータオルで拭く。

園で汚れた子どもの服は家庭に返却

園での感染拡大を防ぐ意味でも、このような場合に汚れた服はそのまま返却することを、あらかじめ保護者に伝えておくようにします。また、家庭で汚染された衣類を洗濯する際は、家族のものとは別に洗濯をするように伝えましょう。

〈下痢の処理〉

準備するもの

- おむつ交換シート(使い捨て)
- 手袋、マスク、エプロン(全て使い捨て)
- ビニール袋(2枚)　• ペーパータオル
- 次亜塩素酸ナトリウム(0.1%濃度)
- 布や雑巾(全て使い捨て)

① 使い捨てのおむつ交換シートや紙などを敷いて、子どもを寝かせる。

② 使い捨てのマスク・手袋をして、市販のおしり拭きやお湯で絞った布などで、汚れている部分を優しく拭く。

③ 拭き終わったら、下に敷いていたシートや紙で、おむつやおしり拭きごと包み、二重にしたビニール袋にエプロンなども入れて、きっちり封をして処理する。

④ 汚れた場所は消毒液で消毒をする。処理をした人は石けんと流水で手を洗い、ペーパータオルで拭く。

子ども自身がトイレで下痢をした場合の対応

- 保育者が便の状態を確かめる。
- おしりを拭くときは、保育者が手袋を着用して拭く。
- 便座・ドアノブ・床などを消毒、清掃する。

年齢別保健計画

	0歳児	1歳児	2歳児
手洗い	● 食前と外から帰ったら、大人に介助されて洗う	● 自分のタオルがわかる	● 手洗いの方法を知る
うがい	● 外から帰ったときや食後など、適宜白湯や麦茶を飲む	→	● ガラガラとブクブクうがいの違いがわかる
鼻かみ	● 拭いてもらう	● 大人が片方の鼻を押さえて「フン」の練習	● 鼻水を大人に知らせる
咳			
歯磨き・虫歯予防	● 食後に麦茶を飲む ● 大人に口をあけて見せることができる ● 仕上げ磨きをしてもらう	● ブクブクうがいの練習	● ブクブクうがい
排泄	● 排泄の処理をしてもらう ● 排泄前後の快・不快がわかる	● 排泄のしぐさがでる	● 排泄を大人に知らせる
衣服	● 着脱を意識する	● 衣類を脱ごうとする	● 衣類を脱いだり着たりしようとする
スキンケア	● 沐浴、シャワー、清拭で清潔にしてもらう ● 必要なときは手当をしてもらう	→	
けが			● けがをしたら大人に知らせる
生活リズム	● 個々のリズムで生活する	● 活動、食事、睡眠のリズムができる	● 生活リズムが確立する
病気時対応			
おう吐・下痢			
予防接種	● 予防接種を受ける	→	

感染症を防ぐためには、子どもが自分の身体や健康に関心をもち、身体の機能を高めていくことが有効です。年齢や発達過程に応じた健康教育を計画的に実施するため、下記の表を参考にしてください。

参考：全国保育園保健師看護師連絡会『保育現場のための乳幼児保健年間計画実例集』

3歳児	4歳児	5歳児
●声かけで自分で洗える ●手洗いの必要性を知る	●なぜ手を洗うか言える ●ハンカチを使える	●場面に応じてできる ●小さい子に教えられる
●食後や外から帰った際、声かけでうがいをする	●食後や外から帰った際、自らうがいをする	→（4歳児と同様）
●自分で鼻水に気づき、鼻かみをしようとする	●自分で鼻水に気づき、鼻かみをする	→（4歳児と同様）
●友達に向けてしない	●マスクをする	→（4歳児と同様）
●自分で歯ブラシを持てる	●自分で歯ブラシを使える ●なぜ虫歯になるかわかる	→（4歳児と同様）
●排泄を大人に知らせ自分でトイレに行ける	●自分でトイレに行き排便処理ができる	●便の状態を伝えられる
●簡単な着脱ができる ●衣類の裏表、前後ろがわかる	●着脱が自分でできる	●温度差に気づき、自分で衣類の調節をする
●かゆみや痛みを大人に知らせる	●虫刺され、傷などを自分で洗おうとし、大人に知らせる ●自分で汗を拭く	●スキンケアの対処法を知る
→（4歳児と同様）	●けがをしたときの手当てを知る	●簡単な手当てができる ●けがをしないように考える
●生活リズムを知る	●早寝早起き朝食排便の大切さがわかる	●生活リズムを整えようとする
●具合の悪いことを知らせる	●具合の悪いことを言葉で表す	●症状に合った行動がとれる
●不快な症状を訴えようとする	●吐き気や腹痛を大人に知らせる ●感染症胃腸炎について知る	→（4歳児と同様）
●予防接種がなぜ必要か説明を受ける	●予防接種について知る	●予防接種の必要性を知り、受けることができる

予防接種

予防接種の基礎知識

　ワクチンによる予防接種を行うことで、体内に抗体ができ、感染症にかかりにくく、またかかったとしても重症化しにくくなることが期待できます。乳幼児期は免疫が未発達であるため、ワクチンによる予防接種が感染症を防ぐ有効な方法となります。

　集団生活において、子どもに適切な予防接種を受けてもらうことは大事な感染症予防対策です。保育者自身も予防接種への理解を深め、保護者の不安や疑問に答えられるように努めましょう。

《「定期接種」と「任意接種」》

　予防接種には、予防接種法によって定められた定期接種と、それ以外の任意接種があります。

定期接種……国が接種を奨励している、法律で定められている予防接種です。対象年齢であれば無料で受けることができます。

任意接種……希望者が医療機関で受けることのできる予防接種です。重症化を予防できる接種も多くあります。費用は自己負担ですが、補助が出る自治体もあります。

定期接種	任意接種
●BCG ●麻しん・風しん混合（MR）ワクチン ●日本脳炎 ●4種混合ワクチン（ジフテリア・百日咳・破傷風・ポリオ） ●ヒブワクチン ●小児用肺炎球菌ワクチン ●水痘（水ぼうそう）ワクチン ●B型肝炎ワクチン ●ロタウイルスワクチン　など	●おたふくかぜワクチン ●インフルエンザワクチン ●3種混合ワクチン（ジフテリア・百日咳・破傷風）　など

《ワクチンの種類》

　現在（2021年9月現在）日本国内で使用されているワクチンは大きく2種類に分類されます。接種をする回数や間隔が異なることを知っておきましょう。

	製造方法	免疫・接種回数など
生ワクチン	生きたままの細菌やウイルスの毒性を弱めたワクチンです。 弱くなってるけど生きているよ 毒性を弱める	自然感染と同様な経過で免疫ができるので、接種回数は少なくてすみます。それぞれのワクチンの性質に応じて、発熱や発しんといった軽い症状が出ることがあります。 ➡【注射生ワクチン接種から次の注射生ワクチン接種まで、27日以上あける必要があります】 例：BCG、水痘（水ぼうそう）ワクチン、麻しん・風しん混合（MR）ワクチン、おたふくかぜワクチン、ロタウイルスワクチン（経口）　など
不活化ワクチン	死滅した細菌やウイルスから毒性を無くし、免疫をつくるのに必要な成分を取り出してつくったワクチンです。 バラバラ 感染力をなくす（不活化）	1回接種しただけでは必要な免疫を獲得したり維持したりできないものもあり、数回の接種が定期的に必要な場合があります。 例：インフルエンザワクチン、日本脳炎ワクチン、B型肝炎ワクチン、ヒブワクチン、小児用肺炎球菌ワクチン、4種混合ワクチン（ジフテリア・百日咳・破傷風・ポリオ）、3種混合ワクチン（ジフテリア・百日咳・破傷風）　など

予防接種Q&A

Q 予防接種による副反応は大丈夫？

A 新型コロナウイルスの例を見てもわかるように、ワクチンがつくられる病気は、生命にかかわるような病気です。病気になった場合のリスクと比べれば、副反応のリスクの方が圧倒的に少ないと考えられます。

Q 一度に複数の予防接種を受けても大丈夫？

A 保護者の方が希望して医師が必要と判断すれば同時接種できます。同時接種は、予防接種のための通院回数を減らし、子どもや保護者の負担も減ります。また同時接種でも十分な免疫が得られます。

職員の予防接種

　自分自身はもちろんのこと、子どもや同僚に感染を
広げないために、以下のワクチンを接種しておくこと
が望まれます。

> □麻しん・風しん混合（MR）ワクチンの2回接種
> □水痘（水ぼうそう）ワクチンの2回接種
> □おたふくかぜワクチンの2回接種
> □B型肝炎ワクチンの3回接種
> □インフルエンザワクチンの毎年1回接種
> □新型コロナウイルスワクチンの接種
> 　（2022年11月現在の情報です）

記録が残っていない
場合は受けていないと
考えましょう!

　自分自身の母子健康手帳の予防接種の記録、予防接種証明書、カルテの写し、幼
稚園、保育園、小学校の健康カード記録などがあれば確認し、必要な回数の接種を
完了しましょう。記憶はあてになりませんので、記録が残っていない場合は受けて
いないと考えた方がよいでしょう。特に、麻しん、風しん、水痘（水ぼうそう）、お
たふくかぜの生ワクチンは、妊娠中に接種することができないため、あらかじめ約
1か月間避妊した後に接種し、ワクチン接種後約2か月は妊娠しないように注意す
ることが大切です。

■実習生や指導教官も
　園で実習を行う学生や園を訪問する指導教官についても、自分自身を感染から守
るとともに、実習を受け入れる施設に入園している乳幼児などが感染症に感染する
ことを防ぐため、予防接種を受ける配慮が重要です。実習前にはワクチン接種を受
けることが推奨されます。余裕をもって準備してもらうよう、実習前のオリエンテー
ションなどで早めに伝えるようにしましょう。

3章

感染症の種類

ひと言に「感染症」といっても、
その種類は多岐に渡ります。
さまざまな感染症の特徴や
症状などについて正しい知識をもち、
園全体の健康管理に役立てていきましょう。

症状から推測される感染症

発しんや口内炎がない

熱がある

発しんや口内炎がある

熱がなくても
疑われる感染症

※疑われる可能性の高い感染症の、症状の特徴を挙げています。

鼻水や咳、のどの痛みなどがあり、嗅覚・味覚障害を起こす場合がある。　➡　**新型コロナウイルス感染症** `P.38`

鼻水や鼻づまり、咳やのどの痛みが出る。　➡　**かぜ症候群** `P.40`

高熱が続き、食欲が落ちてぐったりしたり、不機嫌になったりする。また関節痛に寒気、吐き気や下痢など、いろいろな症状が出ることもある。　➡　**インフルエンザ** `P.42`

顔色が青白く、激しいおう吐や下痢が突然起こり、便が白っぽくなることもある。　➡　**感染性胃腸炎（おう吐・下痢症）** `P.44`

鼻水や咳などの症状があり、「ゼーゼー」「ヒューヒュー」という苦しげな呼吸をする。　➡　**RSウイルス感染症** `P.46`

熱に加え、耳の下あたりが腫れて痛くなり、頬やあごも腫れる。　➡　**流行性耳下腺炎（おたふくかぜ）** `P.50`

熱とともにのどが腫れて痛む。白目の充血が目立ち、目のかゆみ、目やにが出る。　➡　**咽頭結膜熱（プール熱）** `P.51`

咳や発熱（高熱）が続き、全身に赤い発しんが広がり、頬の内側に白い発しんが出る。　➡　**麻しん（はしか）** `P.47`

発熱と同時に全身に細かい発しんが出て、耳の後ろや首のリンパ節が腫れる。　➡　**風しん** `P.48`

発熱と同時に出る発しんがかゆみを伴う水疱となり、全身に広がる。　➡　**水痘（水ぼうそう）** `P.49`

いちご舌（舌の表面が充血し、いちごのようなブツブツができる）。のどの痛みや発熱につづいて、赤い発しんが出る。　➡　**溶連菌感染症** `P.53`

手のひらや足裏、口の中などに発しんが出る。熱が出ないこともある。　➡　**手足口病** `P.54`

両側の頬が円を描いたように発しんで赤くなる。腕や太ももにもレース模様の赤い発しんが出ることがある。　➡　**伝染性紅斑（りんご病）** `P.55`

突然高熱が出て、のどの奥（のどちんこのまわり）に水疱ができる。　➡　**ヘルパンギーナ** `P.56`

発熱が3〜4日ほど続いた後、熱の下がり始めと同時に発しんが出る。　➡　**突発性発しん** `P.57`

急な高熱が続き、リンパ節や手足が腫れたり、白目が充血したりして、全身に発しんが出る。　➡　**川崎病** `P.59`

川崎病は原因不明の病気で感染症扱いではありませんが、感染症に似た症状が出る、気をつけたい病気として本書に掲載しています。

咳き込みだすと立て続けに何回も咳き込み、息を吸うときにはヒューヒューという特有の音がする。　➡　**百日咳** `P.52`

かゆみのある水疱が次々に増えて全身に広がり、かさぶたができる（熱が出る場合もある）。　➡　**伝染性膿痂しん（とびひ）** `P.58`

新型コロナウイルス感染症

2019年末に発見されたウイルス

主な症状

- ●37.5度以上の発熱
- ●のどの痛み
- ●熱性けいれん
- ●犬が吠えるような咳
- ■無症状

園で注意すべき点

- ◎換気をよくする
- ◎手洗いや手指の消毒の徹底
- ◎咳エチケットの徹底とマスク着用可能な子どもはマスクをする
- ◎人との距離をとる
- ◎体調不良のときは登園を控えてもらう
- ◎家族に体調不良者がいる場合も、登園を控えてもらう
- ◎家族のなかに濃厚接触者がいた場合は、ともに自宅待機を協力してもらう

感染の疑いがある子どもがいた場合

園での対応

- ●すぐに別室に移し、他児と隔離する
- ●保護者にかかりつけ医や発熱相談センターに電話相談するよう促し、受診結果は必ず園に報告してもらう
- ●疑いのある子どもを看病した部屋や物品等は消毒・清掃を徹底する

※詳しくはP.82−83「新型コロナウイルス感染症が疑われるときの対応例」

病原体

新型コロナウイルス（SARS-CoV-2）

主な感染経路

飛沫感染　接触感染　エアロゾル感染

潜伏期間

1〜14日（多くは5〜6日）
オミクロン株は2〜3日

感染力が強い期間

発症前2日〜発症後10日程度

流行時期

通年

予防接種

〈任意〉新型コロナウイルスワクチン
（生後6か月以上　2022年11月現在）

登園の目安

治癒後
（治癒の判断は管轄保健所長が行う）

いろいろな検査があるけど、なにが違うの？

新型コロナウイルスの検査実施数が増え、さまざまな検査の名前を聞くようになりました。代表的な3つの検査について知っておきましょう。

	PCR検査	抗原検査 （抗原定性検査）	抗体検査
検査の目的	現在感染しているかどうか		抗体ができているか
検体	鼻咽頭拭い液 鼻腔拭い液　唾液	鼻咽頭拭い液 鼻腔拭い液	血液
調べるもの	ウイルスの遺伝子	ウイルスの タンパク質	血液中のタンパク質
検査実施場所	検体を検査機関に 搬送して実施	検体採取場所	検体を検査機関に 搬送して実施
所要時間	およそ1日	およそ15〜30分	およそ1〜3日

PCR検査と抗原検査の違い

この2つの検査の大きな違いは、ウイルスから検出するものの違いです。PCR検査ではウイルスのもつ特徴的な「遺伝子の配列」を検出し、抗原検査はウイルス特有の「タンパク質（抗原）」を検出します。また感染力のなくなった病原体も検出するので注意が必要です。

抗原検査は少ない時間で結果が出て特別な検査機器を必要としないため、速やかな判断が必要な場合に用いられます。

抗体検査とは

抗体の有無を確認する検査で、過去にそのウイルスに感染していたかがわかります。ウイルスに感染すると形成されるタンパク質（抗体）が血液中に存在するかを調べます。ウイルスに感染した場合だけでなく、ワクチンを打った場合にも抗体が検出されます。

 一般的にウイルスは増殖や流行をしていく過程で、自らが生き残るために少し形を変えたり、特徴を変えたりしていきます。これが変異です。コロナウイルスは今後も変異を繰り返すことが予想されるので、継続的な予防が必要です。

かぜ症候群

普段の生活で最もかかりやすい感染症

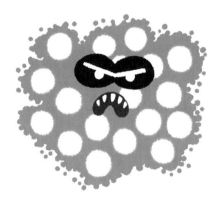

主な症状

- ウイルス感染後、数日で鼻水や咳、くしゃみや微熱などの症状が出る
- 徐々に熱が上がり、呼吸や脈拍が速くなる
- 発症後の2〜3日がピークで、1週間ほどかけて少しずつ症状が軽くなる
- ウイルスによっては下痢やおう吐、合併症などを伴うことがある

園で注意すべき点

- 換気を定期的にする
- 手洗いや手指の消毒の徹底
- 咳エチケット
- クラス内で複数名発病した際は、感染が広がっていないか子どもの様子をていねいに観察する

病原体
80〜90％がウイルス（ライノウイルス　コロナウイルス　RSウイルス など）
ウイルス以外は一般細菌

主な感染経路
飛沫感染　接触感染

潜伏期間
3〜6日

感染力が強い期間
発症後1〜2日

流行時期
通年だが冬季に多くなる

予防接種
なし

気をつけたい合併症
気管支炎　肺炎　急性中耳炎

感染の疑いがある子どもがいた場合

園での対応

- 熱がなく、食欲があって機嫌もよい場合は少し様子を見る（水分補給はこまめに）
- 熱がなくても下痢やおう吐の症状があり、元気がない場合は保護者に連絡して受診をすすめる

登園の目安　主要症状がなくなり日常生活が可能になったら

40

「かぜは抗生物質で治る」は本当？

抗生物質は身体に入ってきた細菌に対して治療するための薬であり、ウイルスには効きません。かぜはほとんどがウイルス性のため抗生物質は効果がないばかりか、下痢や吐き気などの副反応もあるので、かぜの際は基本的に処方されることはありません。

抗生物質の不適切な服用は、「薬剤耐性菌」という薬に対して抵抗力をもつ菌が身体の中で生み出される要因になる恐れがあります。この耐性をもつ菌が増えることにより、本当に抗生物質が必要な際に、効果が出ないという危険性があることも知っておきましょう。

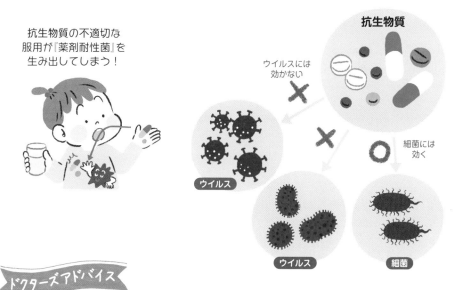

抗生物質の不適切な
服用が『薬剤耐性菌』を
生み出してしまう！

抗生物質

ウイルスには
効かない

細菌には
効く

ウイルス

ウイルス

細菌

抗生物質を処方される場合

ほとんどのかぜの場合、温かくして栄養をとり、安静にしていれば自然に治ります。ただし3日以上症状が続き、黄色や緑色の鼻水が出たり、咳が止まらなかったりした場合は、中耳炎、副鼻腔炎（蓄膿）や肺炎などに進行している可能性があります。細菌由来のものであれば、抗生物質が処方されることもあります。その際は「なんの感染症の疑いがあるのか、どんな細菌に対する抗生物質なのか」を医師に確認することをおすすめします。

> ミニ知識　かぜを起こすウイルスは200種類以上あるといわれており、原因を特定することは困難です。また繰り返しかぜをひいてしまうのは、同じウイルスでもいくつもの型があったり、年々変異をしたりするためです。

インフルエンザ

毎年形を変えてやってくる

主な症状

- 突然の38〜40度の高熱
- 頭痛、咳、鼻水などのかぜ症状
- 重度のけん怠感や全身痛
- 下痢やおう吐を伴うこともある
- 熱は2〜3日で下がるが、全身症状は1週間程続く

園で注意すべき点

- 手洗いの徹底
- 加湿器等を用いて室内の湿度を高めたり、室内温度を高めに保つ
- 咳エチケットの徹底とマスク着用可能な子どもはマスクをする
- 送迎者がインフルエンザにかかっているときは、送迎を控えてもらう
- 流行時は他のクラスとの交流を控える

病原体

インフルエンザウイルス（A、B、C型）

主な感染経路

飛沫感染　接触感染

潜伏期間

1〜4日（平均2日）

感染力が強い期間

発症前24時間〜発病後3日程度

流行時期

12月〜翌年3月頃

予防接種

〈任意〉インフルエンザワクチン

気をつけたい合併症

中耳炎　気管支炎　肺炎

インフルエンザ脳症　熱性けいれん

感染の疑いがある子どもがいた場合

園での対応

- くしゃみや咳で感染するので、すぐに別室に移す。その際部屋の湿度・温度を高め、ウイルスの活性化を防ぐ
- 意識障害やけいれんを起こした場合は、救急車を呼ぶ

登園の目安：発症後5日経過し、かつ解熱後3日経過した後。医師が記入した登園許可証が必要

「インフルエンザ」「かぜ症候群」「新型コロナウイルス感染症」の違いは?

医学的特徴としての違いは、潜伏期間の長さが挙げられます。新型コロナウイルス感染症は最長14日間の潜伏期間があるので、これが感染拡大の大きな要因となっています。

乳幼児に現れる症状の違いは、若干その特徴を挙げられますが、個人差もあり断定はできません。自己判断はせず、病院で受診し、正しい診断を受けることが望まれます。

	インフルエンザ	かぜ症候群	新型コロナウイルス感染症
主な症状	突然38度以上の高熱、関節痛、筋肉痛	のどの痛み、咳、鼻水が同程度、同時にでる	微熱、咳、たん、のどの痛みなどが数日間持続し、鼻づまりがないのに味がわかりにくい、においがしない
潜伏期間	1〜4日	3〜6日	1〜14日
検査方法	抗原検査	なし	PCR検査・抗原検査
発熱	◎	○	◎
筋肉痛・関節痛	◎	○	○
咳	◎	○	○
悪寒・震え	◎	△	○
味覚・嗅覚障害	×	×	△
頭痛	◎	△	○

◎症状が強くでる　○症状がでる　△やや症状がでる　×ほとんど症状がでない
※症状には個人差があります

ドクターズアドバイス
抗ウイルス剤服用後もていねいな見守りを

インフルエンザにかかって抗ウイルス剤を服用した場合、解熱は早いのですがウイルスの排泄は続くので、排泄物の取り扱いには注意するよう保護者に伝えましょう。

インフルエンザには、タミフル、リレンザ、ラピアクタなどの抗ウイルス剤の特効薬があります。ただし、幼い子どもはタミフル服用後に異常行動が現れることがあるので、家庭で療養する際は注意深く観察することが必要です。

ミニ知識　インフルエンザに感染していても、体内にウイルス量が増える前の検査では陰性反応が出ることがあります。陰性と診断されても、注意して様子を見守りましょう。

感染性胃腸炎（おう吐・下痢症）

ウイルスや細菌が炎症を起こす

主な症状

- ◉ 激しい腹痛、おう吐と下痢
- ◉ ロタウイルスに感染した場合は、すっぱい匂いがする白色がかった水様便が出て、下痢は3～4日ほど続き、一週間くらいで治まる
- ◉ 細菌が原因の場合は、便に血液やうみが混じることがある

園で注意すべき点

- ◎ 手洗いの徹底
- ◎ 肉や魚介類、卵などの食材は適切な加熱処理を行う
- ◎ 調理に使うまな板や包丁などはこまめに洗剤で洗う
- ◎ 作った料理は早めに食べるようにする

感染の疑いがある子どもがいた場合
園での対応

- ● 排泄物や吐いたものには病原体が含まれているので、次亜塩素酸ナトリウムなどでしっかり消毒する
- ● 下痢やおう吐で脱水症状を起こす場合があるので、水分補給を行う
- ● 子どもは個別保育をし、保護者に連絡をする

病原体
ノロウイルス　ロタウイルス
病原性大腸菌　サルモネラ

主な感染経路
経口感染

潜伏期間
1～3日（※ウイルスにより異なる）

感染力が強い期間
症状のある間（便中に3週間以上ウイルス排泄もある）

流行時期
冬～春先にかけて（食中毒は夏場に多くなる）

予防接種
〈定期〉ロタウイルスワクチン

気をつけたい合併症
脱水症状　電解質異常

登園の目安 おう吐と下痢の症状が消え、普段通りの食事ができるようになり、全身状態良好と医師が判断したら

季節によって流行が変わる

　感染性胃腸炎は、細菌やウイルスなどにより、おう吐や下痢、腹痛などの症状が出る病気の総称です。原因がはっきりしない場合、「急性おう吐・下痢症」と診断されることもあります。季節によって流行しやすい病原体があることも、感染性胃腸炎の特徴です。

夏に多い感染性胃腸炎の原因	冬～春に多い感染性胃腸炎の原因
細菌性の病原体が原因になることが多い ●カンピロバクター菌（細菌性） ●サルモネラ菌（細菌性） ●病原性大腸菌（細菌性）　など	**ウイルス性**の病原体が原因になることが多い ●ノロウイルス（ウイルス性） ●ロタウイルス（ウイルス性）　など
<症状の特徴> ●病原性大腸菌やカンピロバクター菌の場合、血便となる頻度が高い。 ●サルモネラ菌やカンピロバクター菌に感染すると、高熱とともに激しい水のような下痢症状が出ることが多い。	<症状の特徴> ●ノロウイルスが原因の場合はおう吐と下痢症状で、園児から保護者や保育者に感染することが多々ある。 ●ロタウイルスに感染すると激しい水のような下痢症状が出ることが多い。便は白っぽい米のとぎ汁のようなことが多い。

3 章

感染症の種類

身体にとって必要な下痢

　感染性胃腸炎の際の下痢は、病原体を体外に排出するために必要なものです。自己判断で下痢止めなどを使わず主に脱水を防ぐための水分補給や、体力を消耗しないように栄養を補給することが治療の中心になります。下痢を止めてしまうと細菌やウイルスが体内に長時間とどまり、症状が長引いたり悪化したりすることがあります。

　ロタウイルスワクチンは2020年10月から、定期予防接種となりました。これによりロタウイルス胃腸炎による入院患者が大きく減りました。

RSウイルス感染症

生後6か月未満の乳児の感染には、特に注意が必要

主な症状

- 最初は鼻水や咳などの症状から始まる
- 「ゼーゼー」「ヒューヒュー」という苦しげな呼吸をするようになる

園で注意すべき点

- 6か月未満の乳児が感染した場合、重症化しやすいので要注意
- 流行期には0歳児クラスとの接触は避ける
- 先天性心疾患のあるハイリスク児などは重症化しやすい
- 園内で患者が発生している場合、職員はマスクを装着し、分泌物の処理に気をつけ、手洗いをこまめに行う

病原体
RSウイルス

主な感染経路
飛沫感染　接触感染

潜伏期間
4〜6日

感染力が強い期間
咳などの呼吸器症状が見られる間

流行時期
秋〜冬（近年は夏にも小流行がある）

予防接種
なし

気をつけたい合併症
肺炎　細気管支炎

感染の疑いがある子どもがいた場合
園での対応

- 根本的な治療法はないので、感染が疑われる場合は、早めの受診を保護者にすすめ、安静にしてもらう
- 咳が出ている子どもには、マスクの着用を促す
- 昼寝中に咳で目覚める、咳き込んで遊べない場合は保護者に連絡する

登園の目安　呼吸器症状が治まり、全身状態が良好と医師が判断したら

麻しん（はしか）

感染力がとても強く、感染経路もさまざま

主な症状

●カタル期・発しん期・回復期に分けられる

＜カタル期＞

38度前後の熱と咳、鼻水、目やにで始まり、3日位で口内の頬の内側に白いブツブツ（コプリック斑）が出る

＜発しん期＞

熱が一時治まりかけたと思うと、40度前後の高熱が出て赤い発しんが耳の後ろ、顔に出始め全身に広がる。カタル期からの発熱は1週間ほど続く

＜回復期＞

解熱後、発しんが消えた後に褐色の色素沈着がしばらく残る

園で注意すべき点

◎入園前の健康状況調査票でワクチン接種歴を確認し、1歳になったら早めに予防接種を受けるよう保護者にすすめる。また、就学前の1年間に2回目の接種を行う

病原体

麻しんウイルス

主な感染経路

空気感染　飛沫感染　接触感染

潜伏期間

8〜12日

感染力が強い期間

発熱した1〜2日前から発しんが出た後の4日間

流行時期

通年

予防接種

〈定期〉麻しん・風しん混合（MR）ワクチン

気をつけたい合併症

中耳炎　肺炎　脳炎

感染の疑いがある子どもがいた場合

園での対応

●感染者が出た場合は保護者全員にお知らせし、子どもの予防接種の有無を確認

●予防接種がまだの場合は園医に相談し、ワクチン緊急接種の検討をする

登園の目安　解熱後3日経過した後。医師が記入した登園許可証が必要

風しん

妊娠中の保護者や保育者は注意

主な症状

- 37〜38度の熱が出て、ピンク色の発しんが全身に現れる
- 耳の後ろや首のリンパ節が腫れる
- 悪寒や目の充血などの症状が出ることがある
- 症状は3日ほどで治まる

園で注意すべき点

- 入園前の健康状況調査票でワクチン接種歴を確認し、1歳になったら早めに予防接種を受けるよう保護者にすすめる。また、就学前の1年間に2回目の接種を行う
- 妊娠初期の妊婦が感染すると、心疾患、難聴、白内障などの症状をもつ先天性風しん症候群の子どもが生まれる可能性がある

感染の疑いがある子どもがいた場合

園での対応

- 感染者が出た場合は保護者全員にお知らせし、子どもの予防接種の有無を確認
- 予防接種がまだの1歳以上の子どもは接種をすすめる
- 特に妊娠中の保護者や保育者がいた場合には注意が必要

病原体
風しんウイルス

主な感染経路
飛沫感染　接触感染

潜伏期間
16〜18日

感染力が強い期間
発しんが出る前後7日程度

流行時期
春（近年は流行が不規則化）

予防接種
〈定期〉麻しん・風しん混合（MR）ワクチン

気をつけたい合併症
脳炎　血小板減少性紫斑病　関節炎

登園の目安 発しんが消えた後。医師が記入した登園許可証が必要

水痘(水ぼうそう)
感染力が強く、園で一気に流行する可能性がある

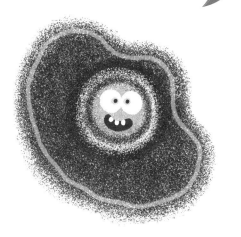

主な症状

- 発熱の有無は個人差があるが、多くは微熱
- 発しんは顔や頭から全身に広がり、かゆみを伴う
- 発しんは虫さされのような小さな赤みが膨らみ、水疱となって3〜4日でかさぶたとなる

園で注意すべき点

- 水痘ワクチンの接種を保護者にすすめる
- 極めて感染力が強く、集団感染を起こしやすい
- 免疫力が低下している幼児は重症化することがある
- 職員が帯状疱しんと診断されたら、子どもに水痘としてうつす可能性があるので、医師の指示に従う

病原体

水痘・帯状疱しんウイルス

主な感染経路

飛沫感染 接触感染 空気感染

潜伏期間

14〜16日

感染力が強い期間

発しん出現前1〜2日から全ての発しんがかさぶたになるまで

流行時期

通年

予防接種

〈定期〉水痘ワクチン

気をつけたい合併症

発しん部分からの細菌感染症 脳炎

感染の疑いがある子どもがいた場合
園での対応

- 感染の疑いのある子どもは別室に移し、保護者に迎えにきてもらう
- 感染者が出ている間は、子どもの皮膚の状態をいつも以上に気にかけておく
- 子どもが発しんをかき壊さないよう、つめは短く切っておくなど注意する

登園の目安 | 全ての発しんがかさぶたになった後。医師が記入した登園許可証が必要

流行性耳下腺炎（おたふくかぜ）

耳の下が腫れて顔がおたふくみたいになる

主な症状

- 耳下腺（耳たぶの下あたり）が腫れて痛みがでる
- 顎下腺（あごの下あたり）が腫れて痛むこともある
- 発熱は1〜6日間
- 唾液の分泌で痛みが増す

園で注意すべき点

- 集団発生を起こす感染症であるため、おたふくかぜワクチンの接種を保護者にすすめる
- 乳児や年少児では感染しても症状が出ないことがある

病原体

ムンプスウイルス

主な感染経路

飛沫感染　接触感染

潜伏期間

16〜18日

感染力が強い期間

耳下腺が腫れる1〜2日前から、腫れが出てから5日間

流行時期

春〜夏

予防接種

〈任意〉おたふくかぜワクチン

気をつけたい合併症

無菌性髄膜炎　脳炎　難聴

感染の疑いがある子どもがいた場合

園での対応

- 大人がかかると重症化しやすいので、感染者が出た場合は園内や保護者にも注意を促す

登園の目安

腫れが出てから5日経過し、かつ全身状態が良好となった後。医師が記入した登園許可証が必要

咽頭結膜熱（プール熱）

目にも症状が出る

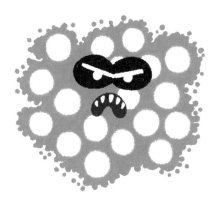

主な症状

● 39度前後の高熱が出る

● のどの腫れや痛み

● 目の充血や目やにといった結膜炎の症状が出るのも特徴的

園で注意すべき点

◎ プールは塩素消毒を行い、タオルの共有はしない

◎ プールだけで感染するものではない

◎ 感染すると粘膜や糞便からウイルスを排出し、治癒後も30日程続くため、おむつなどの取り扱いに注意し、手洗い・消毒を徹底する

◎ プール遊びの前に流水でお尻を洗う

病原体
アデノウイルス

主な感染経路
飛沫感染　接触感染

潜伏期間
2〜14日

感染力が強い期間
発熱や目の充血などの症状が出てからの数日間

流行時期
通年（特に6〜8月）

予防接種
なし

気をつけたい合併症
なし

感染の疑いがある子どもがいた場合
園での対応

● 感染力が強いので、目やになどを拭いたタオルなどの扱いに注意し、保育者もこまめに手洗いを行う

● のどに痛みがあると脱水症状になる場合があるので、刺激の少ない飲み物をこまめに与えるようにする。また食事も熱いものや味の濃いものは避ける

登園の目安　主な症状が治まってから2日経過後。医師が記入した登園許可証が必要

百日咳

咳が長引いている子どもがいたら要注意

主な症状

◉ 最初は微熱やくしゃみ、鼻水、咳などのかぜに似た症状が出る（この時期の感染力が最も強い）

◉ 1〜2週間で「コンコン」と咳き込んだ後に「ヒュー」という特有の音をたてて息を吸う。このような発作的な咳がしきりに出て、夜中や明け方に激しくなるのでよく眠れず体力を消耗する

◉ 3〜4週間で軽症化するが、完治には2〜3か月かかる

園で注意すべき点

◎ 百日咳は母親からの免疫がないので、生後3か月を過ぎたら早めにワクチンを接種するよう保護者にすすめる

感染の疑いがある子どもがいた場合

園での対応

● 予防接種を受けているか確認する

● 乳児の場合は特有の咳が出ず、無呼吸発作からチアノーゼや呼吸停止になる危険性があるので特に注意が必要と、保護者に伝える

● 加湿とこまめな水分補給を行う

● 咳が多いと吐きやすいので、食事や飲み物は少しずつゆっくり与える

登園の目安　特有の咳が消える、または5日間の抗菌薬による治療が終了した後。医師が記入した登園許可証が必要

溶連菌感染症

いちごみたいなブツブツが舌にできる

主な症状

● 38〜39度の高熱が出る
● のどの痛みや腫れ、おう吐、腹痛、頭痛などの症状が出る
● 1〜2日で小さな赤い発しんが全身に広がる
● 舌にいちごのようなブツブツができる

園で注意すべき点

◎ 溶連菌は感染力が強いが、手洗い・うがいが有効
◎ 処方された抗生物質は、5〜10日間飲み続ける必要があり、飲み忘れ、飲み残しなどがないか注意する。
◎ 繰り返しかかる子どもには薬を継続して飲んでいるかの確認と、発熱時の観察をていねいに行う

病原体
A群溶血性連鎖球菌

主な感染経路
飛沫感染　接触感染

潜伏期間
2〜5日

感染力が強い期間
抗菌薬治療を開始する前
（開始後24時間以内に感染力消失）

流行時期
冬〜初夏

予防接種
なし

気をつけたい合併症
リウマチ熱　急性糸球体じん炎

感染の疑いがある子どもがいた場合
園での対応

● 最初はかぜの症状に似ているので、のどの痛みが2日以上続くようなら感染を疑い、保護者に受診をすすめる

登園の目安　抗菌薬による治療開始から24時間経過し、全身状態良好と医師が判断したら

手足口病
手足や口に発しんが出る

主な症状

- 口の中、手のひら、足の裏などに水ぶくれのような発しんが出て、痛みを伴う
- 発熱やおう吐を伴う場合もある

園で注意すべき点

- 病原体ウイルスが複数あるため何度も感染する場合があるので、こまめな手洗いとうがいを日頃から徹底する
- 回復後も長期にわたって排泄物にウイルスが含まれるため、おむつ替えなどの際には特に注意する

病原体
コクサッキーウイルス　エンテロウイルス

主な感染経路
飛沫感染　接触感染　経口感染

潜伏期間
3～6日

感染力が強い期間
手足や口の中に発しんができてから数日間

流行時期
春～夏

予防接種
なし

気をつけたい合併症
脳炎　無菌性髄膜炎

感染の疑いがある子どもがいた場合
園での対応

- 元気であれば基本的に登園可能だが、熱が出ている間や、食事がとれない、集団で遊べないなどの場合は登園を控えてもらう

登園の目安　発熱やのどの痛みが治まり、普段通りの食事ができ、全身状態良好と医師が判断したら

54

伝染性紅斑（りんご病）

ほっぺたがりんごみたいに赤くなる

主な症状

- 最初に軽度の発熱、だるさなどかぜ症状が出る
- 続いて両頬がりんごのように赤く腫れ、ほてりも出てくる
- 同時に腕の内側や太ももにレース状、網目状の赤い発しんが出る。1〜2週間で治まる

園で注意すべき点

- 幼児期、学童期に発症しやすい
- 胎児に影響が出る場合もあるので、流行している際には、妊娠中の保護者・保育者に注意を促す
- 妊娠中の保護者には、送迎の対応方法の希望（園舎には入らず玄関先など）を聞き、協力する

感染の疑いがある子どもがいた場合
園での対応

- 元気そうでも日光に当たるとかゆくなる場合があるので注意
- お風呂に入って体が温まると発しんが増える可能性があるので、入浴は短めにしてもらうよう保護者に伝える
- 妊娠中の保護者や保育者には特に注意が必要

病原体
ヒトパルボウイルスB19

主な感染経路
飛沫感染

潜伏期間
4〜14日

感染力が強い期間
かぜ症状が出てから発しんが出るまで

流行時期
秋〜春

予防接種
なし

気をつけたい合併症
妊婦がかかると胎児水腫や流産の原因にもなる

登園の目安

発しんが出る頃にはすでに感染力はないので、全身状態良好と医師が判断したら

ヘルパンギーナ

夏かぜの一種

主な症状

- 急に39度前後の高熱を出すが、1〜3日ほどで下がる
- のどの痛みを訴え、咽頭に小さな水疱ができる
- 水疱がやぶれ、ただれた状態になるが、1週間ほどで治る
- 熱性けいれんを伴う場合もある

園で注意すべき点

- 1〜4歳に発症しやすい
- 回復後も長期にわたり、ウイルスが排出されるため、排泄物、おむつの取り扱いには注意する
- 熱、機嫌、食欲、遊べているかを観察し集団生活が難しいときは保護者に連絡する

病原体

コクサッキーウイルス（原因となるウイルスは複数ある）

主な感染経路

飛沫感染　接触感染　経口感染

潜伏期間

3〜6日

感染力が強い期間

症状がある間。ウイルスの排出はしばらく続く

流行時期

春〜夏

予防接種

なし

気をつけたい合併症

無菌性髄膜炎　熱性けいれん

感染の疑いがある子どもがいた場合
園での対応

- 症状の悪化やのどの痛みから、水分や栄養がとれない場合には保護者に早めの受診をすすめる

登園の目安　症状が治まり、普段通りの食事ができ、全身状態良好と医師が判断したら

突発性発しん

2歳までに多くの子どもが感染する

主な症状

● 急な高熱が3日間ほど続く
● 熱が下がると腹部や背中にかゆみのない赤い発しんが現れ全身に広がるが、4〜5日ほどで治まる
● 高熱が原因で熱性けいれんを起こす場合もある

園で注意すべき点

◎ 2歳までにほとんどの子どもがかかる病気なので大きな心配はない
◎ 発熱だけではすぐに突発性発しんと判断できないため、高熱が出た場合はすぐに保護者に受診をすすめる
◎ 熱、機嫌、食欲、遊べているかを観察し、集団生活が難しいときは保護者に連絡する

感染の疑いがある子どもがいた場合

園での対応

● 脱水症状にならないよう、こまめに水分を補給する
● 汗をかいたら着替えさせ、清潔を保つ
● 熱性けいれんを起こした場合も慌てずに様子を観察し、保護者に早めの受診をすすめる

病原体

ヒトヘルペスウイルス6B
ヒトヘルペスウイルス7

主な感染経路

飛沫感染

潜伏期間

9〜10日

感染力が強い期間

発熱している間

流行時期

通年

予防接種

なし

気をつけたい合併症

熱性けいれん　脳炎

登園の目安　熱が下がり機嫌もよく、全身状態が良好になれば

伝染性軟属腫 (水いぼ)

病原体
伝染性軟属腫ウイルス

主な感染経路
接触感染

潜伏期間
2〜7週間

感染力が強い期間
不明

流行時期
不明

予防接種
なし

登園の目安
登園の制限はなし。かき壊して傷口がじゅくじゅくしているときは、ガーゼなどで覆い、感染を防止する

主な症状
- 直径1〜5mmほどのいぼが首や脇の下、胴体、肘、ひざの裏などにできる
- 半球状に盛り上がり、中心が少しへこんでいるのがいぼの特徴
- いぼの色は肌色で痛みやかゆみはほとんどない
- 感染力が強いので、いぼをかき壊すと広がる

園で注意すべき点
- 水を介して感染することはないのでプールも入ってよい（ただし症状による）が、タオルや水遊びの道具などの共用は避け、他児の皮膚に触れないようラッシュガードの着用をすすめる。
- 感染力が強いので、感染した子どもがいぼをかき壊さないように注意を払う

伝染性膿痂しん (とびひ)

病原体
黄色ブドウ球菌
溶連菌

主な感染経路
接触感染

潜伏期間
2〜10日

感染力が強い期間
水疱が出ている間（水疱をかき壊して出る滲出液には特に注意）

流行時期
夏

予防接種
なし

登園の目安
登園の制限はなし。じゅくじゅくしている傷口をガーゼで覆うようにしてもらう

主な症状
- かゆみを伴う透明な水疱ができる
- 水疱をかき壊すことによって、細菌を含むうみが出て、水疱が全身に広がっていく
- アトピー性皮膚炎がある子どもは広がりやすい

園で注意すべき点
- 患部が乾燥していれば登園は可能だが、患部が他児にふれないように注意
- 子どもが患部をかき壊さないように注意して見守る
- 感染防止のためプールは禁止する
- タオルなどの共有を避ける
- 子どもが患部をかき壊さないよう爪を短く切るように保護者にお願いする

アタマジラミ症

病原体
アタマジラミ

主な感染経路
接触感染

潜伏期間
10〜30日

感染力が強い期間
10〜14日（シラミの産卵から孵化するまでの期間）

流行時期
通年

予防接種
なし

登園の目安
登園の制限はなし。治療してもらう

主な症状
- 頭に激しいかゆみや不快感が起こる
- 頭皮が炎症を起こす

園で注意すべき点
- 寝具（枕やシーツ）や帽子、ブラシ、タオルなどの共有を避ける
- 寝具の洗濯は定期的に行う
- 不潔が原因でないことを子どもや保護者に説明する
- 保護者、子ども、職員の頭髪チェックを行い、必要な場合は皮膚科の受診をすすめる
- 殺虫成分入りのシャンプーを使うなどして、園内や家族内などで一斉治療（駆除）を行うのがよい

流行性角結膜炎 (はやり目)

病原体
アデノウイルス8型

主な感染経路
接触感染

潜伏期間
2～14日

感染力が強い期間
初期数日

流行時期
夏

予防接種
なし

気をつけたい合併症
視力障害

登園の目安
感染の恐れがないと医師が判断したら。医師が記入した登園許可証が必要（結膜炎の症状が解消されるまで）

主な症状
● 白目が充血して赤くなり、目やにが出る
● まぶたが腫れ、痛むことがある

園で注意すべき点
◎ こまめに手洗いを行い、タオルの共有は避ける
◎ プール活動の前後にシャワーをする

マイコプラズマ肺炎

病原体
肺炎マイコプラズマ

主な感染経路
飛沫感染

潜伏期間
2～3週間

感染力が強い期間
症状のある間がピーク

流行時期
夏～秋

予防接種
なし

気をつけたい合併症
中耳炎　脳炎　関節炎

登園の目安
症状が改善し、全身状態良好と医師が判断したら

主な症状
● 咳、発熱、頭痛などのかぜ症状がゆっくり進む
● 咳は徐々に激しくなる

園で注意すべき点
◎ 本人が元気になっても、たんなどにはマイコプラズマが数週間排出され続けるので、周囲への感染には注意が必要（手洗い・うがい、共用部分の消毒など）
◎ 元気そうにしていても咳が長引くようであれば保護者に受診をすすめる

川崎病※

※川崎病は原因不明の病気で感染症扱いではありませんが、感染症に似た症状が出る、気をつけたい病気として本書に掲載しています。

病原体
原因不明

特徴
● 男児に多い
● 日本人など東アジア系人種に多い
● 4歳以下の乳幼児に多く特に生後9～11か月が多い

予防接種
なし

気をつけたい合併症
冠動脈瘤

登園の目安
治療には入院が必要。医師の登園許可が出たら

主な症状
● 突然の発熱から始まる
● 白目の充血
● 唇が赤くなり、いちごのようなブツブツができる
● 盛り上がった赤い発しん（BCG接種跡も赤く腫れる）
● 手足のむくみ
● 頸部（首）のリンパ節の腫れ

園で注意すべき点
◎ 具体的な予防策はない。日頃からの手洗い、うがいなどの感染症対策を行う
◎ 高熱が続く場合には早めの受診を保護者にすすめる
◎ り患後、心臓への配慮が必要かを確認し、観察点を職員で共有する

学校感染症と出席停止の基準

　法律・法令で「学校において予防すべき感染症」と出席停止期間が定められています。保育園や幼稚園もこれを基準として登園停止日が定められていますが、細かい判断は各園に任せられている部分もあります。

【学校感染症と出席停止の基準】

分類	感染症名	出席停止の基準
第一種 感染した場合、重症になる危険性がとても高い感染症	エボラ出血熱、クリミア・コンゴ出血熱、南米出血熱、ペスト、マールブルグ病、ラッサ熱、急性灰白髄炎（ポリオ）、ジフテリア、重症急性呼吸器症候群（SARSコロナウイルス）、中東呼吸器症候群（MERSコロナウイルス）、特定鳥インフルエンザ（H5N1）、新型コロナウイルス感染症	完全に治癒するまで出席停止
第二種 集団生活のなかで感染し、発症する可能性の高い感染症	インフルエンザ（鳥インフルエンザ（H5N1）を除く）百日咳、麻しん（はしか）、流行性耳下腺炎（おたふくかぜ）、風しん、水痘（水ぼうそう）、咽頭結膜熱（プール熱）、結核、髄膜炎菌性髄膜炎	医師が伝染の恐れがないと認めるまでは出席停止
第三種 第一種・第二種以外で、集団生活のなかで流行を広げる可能性のある感染症	コレラ、細菌性赤痢、腸管出血性大腸菌感染症、腸チフス、パラチフス、流行性角結膜炎、急性出血性結膜炎	医師が伝染の恐れがないと認めるまでは出席停止。全身状態が改善されれば出席可能
第三種 その他の感染症 集団生活で流行が起こった場合、その流行を防ぐために必要があれば第三種として対応が取れる感染症	溶連菌感染症、ウイルス性肝炎、手足口病、伝染性紅斑（りんご病）、ヘルパンギーナ、マイコプラズマ肺炎・感染性胃腸炎（おう吐・下痢症）、RSウイルス感染症、突発性発しん　　　など	条件によっては出席停止
	アタマジラミ症、伝染性軟属腫（水いぼ）、伝染性膿痂しん（とびひ）　　　　　　　　　　など	通常出席停止の必要なし

参考:日本小児科学会 予防接種・感染症対策委員会
「学校、幼稚園、認定こども園、保育所において予防すべき感染症の解説（2022年6月改訂）」

4章

症状に対する具体的な
対応と心のケア

園生活のなかで起こる、感染症が疑われる症状と
その対処法をまとめました。早期発見と素早い対処が、
症状の悪化を防ぐカギです。
心のケアも忘れずに。

発熱した場合

ウイルスや細菌が身体の中に侵入することや、侵入したウイルス等が
増えるのを抑えようとして、身体の防御反応として熱は出ます

注意して様子を見る

◎37～37.5度の微熱
◎微熱でも顔色や機嫌がよく、食欲がある
◎発熱以外のかぜ症状がなく、外気温や厚
　着などによる、一時的な体温上昇が疑わ
　れる場合は様子を見る
◎微熱は経過観察をして、様子を保護者に
　報告

お迎えのお願い

◎38度以上の発熱
◎水分補給ができない
◎集団生活が困難な様子

急ぎ病院へ連れて行く

◎脱水症状を起こしている
◎下痢とおう吐が続いている
◎呼吸が荒く苦しそうにしている
◎3か月未満の子どもの高熱（38度以上）

救急車を呼ぶ

◎意識が無い
◎意識がもうろうとし、呼びかけても反応
　が鈍い
◎手足をつねっても反応が無い
◎5～10分以上けいれんが続く
◎唇や爪が紫色っぽく変色している

保護者へ連絡する際に伝えることチェックリスト

※記録しておくと、医師の診断の参考にもなるのでよいでしょう

☐ 異変に気づいた最初のきっかけ

☐ 現在の熱や子どもの様子（機嫌・
　顔色・表情・遊びの様子・集団
　生活の様子）

☐ 現在園で行っている処置

☐ 他の症状はあるか（発しん・下
　痢・おう吐・咳・鼻水）

☐ 医療機関の受診が可能かの確認

園でできるケア

水分補給をする

⊙吐き気が無い場合は、子どもが飲みたいだけ水分（経口補水液・湯冷まし・麦茶）を補給する

適切な室内環境を整える

⊙室温：（夏）26〜28℃　（冬）20〜23℃
⊙湿度：40〜60%
⊙換気：1時間に2回

熱が上がって暑がるときは？

○ 衣服や布団を調節して涼しくする
○ 氷枕などをあてる

手足が冷たく、寒気があるときは？

○ 汗をかいた衣服を着替えさせ、衣服や布団を調節して温かくする

高熱が出ているときは？

○ 首の付け根や脇の下、足の付け根を冷やす

微熱が出ているときは？

○ 水分補給を行い、安静にさせる
○ 30分程様子を見て、再度検温をする

乳幼児の発熱の特徴

　乳幼児は体温調節機能が未熟なため、体温が簡単に上昇します。咳や鼻水などのかぜとみられる症状がなければ、水分補給を十分に行い、涼しい環境にいることで熱が下がることがあります。

　また、0歳児が初めて発熱した場合には、突発性発しんの可能性もあり、熱性けいれんを起こすこともあります。その際は慌てずに楽な姿勢にします。以前は舌を噛み切るといけないと思われ、口の中にスプーンやタオルを入れることがありましたが、舌もけいれんして喉の奥に引き込んでいるのでその必要はありません。けいれんが止まる気配がない場合はすぐに救急車を呼ぶようにしましょう。

発熱している子どもへの 言葉かけ例

「熱が出るのはね、○○ちゃんの身体のなかに入ってきたバイキンをやっつけようと、今○○ちゃんの身体が戦っているからなんだよ。その調子! て応援しようね。きっと勝って、また元気になれるからね」

おう吐をした場合

吐いた原因はなにか、吐いた物の内容、回数などを、
よく観察することが大事です

保護者へ連絡する際に伝えることチェックリスト

※記録しておくと、医師の診断の参考にもなるのでよいでしょう

- [ ] なにをきっかけにおう吐したのか
  （咳で吐いた、ご飯を食べて吐いた）
- [ ] おう吐した回数、時間、内容物
- [ ] 現在の熱や子どもの様子
  （機嫌・顔色・表情・食欲・遊びの様子・集団生活の様子）
- [ ] 現在園で行っている処置
- [ ] 他の症状はあるか
- [ ] 医療機関の受診が可能かの確認

注意して様子を見る

- ◎複数回のおう吐がない
- ◎発熱はない
- ◎水分と食事はとれている
- ◎機嫌がよく顔色もよい
- ◎おう吐後、経過観察をして様子を保護者に報告

お迎えのお願い

- ◎おう吐後に水分補給ができない
- ◎微熱を伴うなど、感染症が疑われる
- ◎集団生活が困難な様子

急ぎ病院へ連れて行く

- ◎発熱と頭痛がある
- ◎おう吐を繰り返し、脱水症状を起こしている
- ◎元気だったのに、突然おう吐をして激しく泣いている（腸重積症の疑い）
- ◎頭部を打った後におう吐する（頭蓋内出血の疑いなど）
- ◎吐いた物の中に血液や緑色の胆汁が混じっている

救急車を呼ぶ

- ◎けいれんを起こしている
- ◎意識がもうろうとしている

園でできるケア

→〈おう吐物の処理〉については P.28

服を着替え、うがいをする

- ⊙おう吐物のにおいがさらに吐き気を誘うこともあるので、服が汚れた場合は、〈おう吐物の処理〉に従い着替えさせる
- ⊙うがいができるときは、うがいをさせ、できない場合は、おう吐を誘発させないよう、口の中に残っているおう吐物をガーゼなどでていねいに取り除く。うがいをした場所も感染予防のために次亜塩素酸ナトリウム(0.1%濃度)で消毒する

安静にする

- ⊙別室にて個別保育とし、おう吐物が気管に入らないように横向きに寝かせるか、上半身をやや起こした姿勢で安静に過ごす

横向き　　　　　上半身をやや起こす

水分補給をする

- ⊙おう吐して、30〜60分程度後に吐き気がなく落ち着いていたら、水分(経口補水液・湯冷まし・麦茶)を補給する。すぐに水分をとらせようとすると、よけいに吐き気を誘うこともあるので少しずつ与える

乳児の溢乳と吐乳

　乳児が授乳後に、口から少量の乳が吐き出されることを「溢乳(いつにゅう)」や「吐乳(とにゅう)」といいます。「溢乳」と「吐乳」の違いは、乳を吐きだす勢いや量の違いです。溢乳は、胃が小さく未発達なため、口から乳がだらだらと吐き出される生理的な現象なので、病気を心配する必要はありません。吐乳は乳を勢いよく吐くことをいいます。ゲップ不足、飲みすぎ、胃食道逆流などが原因にありますが、下記のような吐乳は医師の診察を受けるようにしましょう。

- ●体重の増加が悪い
- ●吐乳の他に、不機嫌・発熱・血便・顔色が悪い・下痢などの症状がある
- ●授乳後、呼吸に異常がある

おう吐後の子どもへの 言葉かけ例

「びっくりしちゃったね。食べ物は今、受け付けられませんって身体が教えてくれたんだよ。食べた物を力に変えるのに、たくさんのエネルギーを使っちゃうから、今はお休みってことだね。少しゆっくりして絵本を見ましょうか」

4章　症状に対する具体的な対応と心のケア

下痢をした場合

ウイルスの侵入や腸内炎症により、血液が混じる場合もあります

保護者へ連絡する際に伝えることチェックリスト

※記録しておくと、医師の診断の参考にもなるのでよいでしょう

- [ ] 当日の便の回数と内容（色やにおいなど）
- [ ] 子どもが食べた物や当日の出来事（活動内容）
- [ ] 現在園で行っている処置
- [ ] 他の症状はあるか
- [ ] 医療機関の受診が可能かの確認

注意して様子を見る

- ◎一度下痢をしたが複数回はしない
- ◎発熱はない
- ◎一度下痢はした後、水分と食事をとっても下痢を繰り返さない
- ◎排尿はある
- ◎下痢をした後、経過観察をして保護者に報告

お迎えのお願い

- ◎下痢が複数回続き、腹痛を訴えて遊べない
- ◎集団生活が困難な様子
- ◎複数の子どもが下痢や腹痛を訴える場合（感染症・食中毒等が疑われる）

急ぎ病院へ連れて行く

- ◎下痢とおう吐が続く
- ◎高熱と激しい腹痛を伴う
- ◎赤い、黒い、白い便が出る（便に血が混じっている）
- ◎ぐったりしている
- ◎排尿がない
- ◎水分がとれない

救急車を呼ぶ

- ◎唇や爪が紫色（チアノーゼ）になり、けいれんを起こしている

園でできるケア

➡〈下痢の処理〉については P.29

便の状態を確認

⦿ 下痢の際は、その状態や色、においが受診のときの参考になるため、医師や保護者に伝えられるように記録を残す

※ いつもとは違う特徴的な便（白っぽい・赤っぽい・黒っぽい・異臭がするなど）が出た場合は、写真に撮っておくと口頭で説明するよりも伝わりやすくなります

おしりを清潔にする

⦿ 下痢便は刺激が強く、おしりに残っていると皮膚トラブルの原因になるので、お尻ふきと温かいタオルでやさしく抑えるように拭き取る

※ 病原菌がシャワーで飛散するので、シャワーでの洗い流しは控えましょう

水分補給と消化のよい食事

⦿ 下痢をしていると体内の水分が失われるため、脱水症状にならないように十分な水分（経口補水液・湯冷まし・麦茶・スープ）を補給する

⦿ 消化に悪い物は避け、おかゆやうどんなどを少なめにとる

⦿ 乳児は1回の授乳の量を減らし、回数を多くし、離乳食を始めたばかりの場合は、しばらく控えてもよい

消化のよい食事

○ おかゆ　　○ 野菜スープ
○ 煮込みうどん　　など

控えた方がよい食べ物や飲み物

○ 脂っこい料理や糖分を多く含む料理やお菓子
○ 柑橘系の果汁（下痢を悪化させる原因になる）
○ 食物繊維を多く含む料理

乳児の便

　乳児の便は、もともとゆるめです。色やにおいが通常と同じであれば、ゆるめでも問題はありません。
　黄色や緑色（うぐいす色）の便で病気を疑われることはほとんどありません。白っぽい、赤っぽい、黒っぽいうんちや、異臭がする場合はウイルス性の感染症などが疑われるので、注意が必要です。

下痢をした子どもへの 言葉かけ例

「お腹がスッキリしたね。悪い物は全部外へ出しちゃったから、もう大丈夫だよ。全部出てよかったね。ゆっくり休めばまた元気が湧いてくるよ。またうんちが出そうになったら教えてね。治ったらなにをして遊ぼうかなって考えておいてね」

発しんが出た場合

突発性発しんや麻しんなど、発しんの出る場所や状態はさまざまです

注意して様子を見る

◎発しん以外の症状がない
◎発しんの範囲が狭く、蚊に刺された、あせも、おむつかぶれなど原因がわかる
◎発熱がない
◎発しんが増えていかない
◎かゆみや痛みがない
◎発しんがみられた際は経過を観察し、かゆみや発熱の有無、発しんの状態を保護者に報告する

お迎えのお願い

◎かゆみや痛みを訴え、集団生活が困難な様子
◎アレルギー反応の可能性がある場合
◎微熱を伴うなど、感染症が疑われる場合

急ぎ病院へ連れて行く

◎飲食した30分後位に出た症状で、食物アレルギーの疑いがあるとき
◎高熱を伴う
◎水疱が出てどんどん増える
◎かぶれてかゆみがある

救急車を呼ぶ

◎飲食した30分後位に出た症状で、呼吸困難やけいれんなどがみられる
◎意識がもうろうとしている

保護者へ
連絡する際に
伝えること
チェックリスト

※記録しておくと、医師の診断の参考にもなるのでよいでしょう

☐ 発しんが出た前後の状況（アレルゲンを口にしたり、触ったりしていないか）

☐ 子どもが食べた物や当日の出来事（活動内容・機嫌・遊びの様子・かゆがり方）

☐ 現在園で行っている処置

☐ 他の症状はあるか

☐ 医療機関の受診が可能かの確認

園でできるケア

かゆみの対処

◉ 身体が温まったり汗をかいたりするとかゆみが増すので、冷水で絞った清潔なタオルまたは流水で、患部を冷やす。
◉ 暑い季節はエアコンがきいた涼しい場所で過ごす
◉ 下着は皮膚に刺激の少ない木綿等の物がよい

発熱の有無を確認し、水分補給

◉ 発熱や発しんがあるときは、水分補給をする

口の中に水疱があるときは？

○ 痛みで食欲が落ちるため、おかゆやプリン、ヨーグルト、ゼリーなど、水分の多い物や、のど越しのよい物にする
○ 酸味や塩味など刺激の強い物は避け、薄味の物にする

感染症の可能性がある発しん

　発しんの特徴から、以下の感染症の可能性があります。予防接種を受け、また他の人にうつさないよう、早く受診する必要があることを保護者に伝えましょう。

★…予防接種がある感染症

発しんの特徴	疑われる感染症
かぜのような症状を伴う発熱後、一旦熱がやや下がった後に再度発熱し、全身に赤い発しんが出る	麻しん（はしか）　★
発熱と同時にかゆみを伴うピンク色の発しんが出る	風しん　★
水疱状の発しんが出る	水痘（水ぼうそう）　★
皮膚に小さなブツブツが出て、舌にいちごのようなブツブツが出る	溶連菌感染症
38度以上の熱が3〜4日続き下がった後、全身に赤い発しんが出る	突発性発しん
微熱程度の熱が出た後に、手のひら、足の裏、口の中に水疱ができる。膝やおしりに発しんが出ることもある	手足口病
微熱に続いて両頬がりんごのように赤くなる	伝染性紅斑（りんご病）

発しんをかゆがる子どもへの　言葉かけ例

「ポツポツがかゆいよね。わかる、わかるよ。でもかくともっとひどくなっちゃうから、忘れちゃおう！　グー・チョキ・パーでなにができる？」（手を動かして楽しむ遊びへと誘うとよいでしょう。「なべなべそこぬけ」もおすすめです。）

咳が続く場合

咳は気管にたまった分泌物や異物を取り除いて、呼吸を正常にするための防御反応ですが、長引く咳は体力を消耗させるため、注意が必要です。

保護者へ連絡する際に伝えることチェックリスト

※記録しておくと、医師の診断の参考にもなるのでよいでしょう

- ☐ 咳の状態
- ☐ 他の症状はあるか
- ☐ 現在園で行っている処置
- ☐ 現在の子どもの様子（機嫌・顔色・表情）
- ☐ 医療機関の受診が可能かの確認

注意して様子を見る

◎発熱や発しんなど、咳以外の症状がない
◎食欲はあり、様子はいつもと変わらず元気
◎息を吸ったり吐いたりが苦しそうではない
◎咳の経過を観察し保護者に報告をする。その際、喘息の可能性や飲んでいる薬はないかなども確認する

お迎えのお願い

◎継続して咳が出て、感染症の疑われる場合
◎集団生活が困難な様子

急ぎ病院へ連れて行く

◎息がしづらく、肩や胸やお腹が上下に動くような呼吸をしている場合
◎発熱、おう吐がある
◎ヒューヒュー、ゼーゼーなどの呼吸音を伴い、呼吸が苦しそう
◎犬の遠吠えやオットセイの鳴き声のような「ケーン、ケーン」という甲高い咳が出る
◎のどに異物がある

救急車を呼ぶ

◎呼吸困難を起こしている
◎陥没呼吸（息を吸い込む際、のどの下や肋骨周辺がへこむようになる状態）が見られる

※喘息発作やクループ症候群などが予想される緊急時は、救急車要請の可能性もあることを保護者に伝え、主治医の病院も確認しておく

園でできるケア

熱を測り、咳を観察する

⊙咳が止まらない際は、まず熱を測り、咳の状態や呼吸の様子を観察する

室温と湿度を調節する

⊙空気が乾燥していたり、冷たかったりすると咳が悪化するので、室内の湿度を40〜60%前後に保つ
⊙エアコンの風が子どもに直接あたらないように注意する

呼吸困難のサイン

　咳症状のある病気は呼吸困難を伴い、呼吸の回数が増えたり減ったりします。命に関わることもあるので、呼吸困難のサインや正常呼吸の回数を知っておき、異常がみられた場合はすぐに受診をするようにしましょう。

呼吸を楽にさせる

⊙たんが絡んでいるときは上体を起こし、背中を軽く叩いたり、さすったりして、たんを切りやすくしてあげる
⊙本人が好む姿勢をとらせる

⊙乳児は縦抱きにして、背中を下から上に軽く叩いたりさすったりする
⊙水分でのどを湿らせるとたんが切れやすくなり、呼吸が楽になるので、湯冷ましや麦茶などを少しずつ飲ませる
⊙柑橘系ジュースや冷たい飲み物は、のどを刺激するので避ける

【呼吸困難のサイン】

☐ 肩を大きく上下に動かしている

☐ 呼吸が荒く、顔や手足の色が悪くなり、触ると冷たい

☐ 呼吸が荒く、唇や爪の色が悪く、触ると冷たい

☐ 呼吸が速く、小鼻をピクピクさせて苦しそう

【1分あたりの正常呼吸】
・新生児（生後4週間）　40〜50回
・乳児（1歳まで）　　　30〜40回
・幼児（1歳から就学前）20〜30回

咳が出る子どもへの 言葉かけ例

「コンコン咳が出ると苦しいよね。でも大丈夫だよ。咳はのどに入ろうとする悪いものを外に出してくれるの。先生も小さい頃はよく出たけど、大きくなったら治ってきたよ。○○ちゃんもきっとよくなるから安心してね」

4章 症状に対する具体的な対応と心のケア

感染症流行期の心のケア

　感染症の流行や自然災害などが起こった際、子どもは心に大人よりも強い不安や恐怖を抱くことがあります。

　子どものなかにはそれらの不安が原因で、いつもと異なる行動や反応を見せることがあるかもしれません。子どもの心を支えるポイントや、発達段階に適した対処方法を理解しておきましょう。

子どもの心を支える5つのポイント

1. 可能な限りこれまで行ってきた日課を続け、規則正しい生活リズムを維持する

2. 運動や身体を動かす活動を行い、気分をリフレッシュさせる

3. 遊びなどを通して、楽しさや安心感が得られる機会を意識的につくる

4. 自己肯定感を高められる働きかけをする（なにかを選ぶ際、子どもに選んでもらうなど）

5. つらい記憶や感覚を呼び起こすような物事（テレビやインターネットからの情報など）から子どもを守る

参考：セーブ・ザ・チルドレン「子どもと関わる大人の皆さまへ」

子どもの理解とストレス反応

　子どもの発達・年齢によって、起きたことに対する理解度は異なります。発達段階にあったケア、起きるストレス反応とその対応を知っておきましょう。なお、ストレス反応が頻繁に起こったり長期間みられたりする場合には、専門機関への相談も検討しましょう。

0〜3歳くらい

　緊急的な事態そのものに対する理解はむずかしいですが、これまでの生活からの違いや、親・周囲の大人の変化は感じとっています。

　そのため、親や養育者にしがみついたり、離れなくなったり、以前は怖がらなかったことを怖がることがあります。睡眠や食事行動に変化が起きる、より幼い行動（退行）に戻るといったことがあります。

　大人が落ち着いて接する時間をつくったり、スキンシップをとったりするなど、安心できる環境を整えることが大切です。

4〜6歳くらい

　経験をもとに、起きている出来事を少しずつ理解できるようになりますが、ことの重大さはまだ理解できません。親や養育者の反応を見て、起きていることを推測しようとします。

　想像力が豊かになってくるので、起きている出来事を自分のせいだと考え、現実にはないことを言い出すこともあります。

　子どもの疑問や不安を受けとめ、正しい情報をわかりやすい言葉で伝えるように配慮します。

参考：セーブ・ザ・チルドレン『誰もができる、緊急下の子どものこころのケア「子どものための心理的応急処置」』
全国保育園保健師看護師連絡会「保育現場のための新型コロナウイルス感染症対応ガイドブック第3版」

子どものストレス反応への対応

ストレス反応	対応
無力感を示したり 消極的になったりする	1日の予定を伝え、自ら遊びや活動に参加するのを待ちます。無理には誘わず、遊びや活動は見ているだけでもいいので「ここで見ていてね」などと居場所をつくるようにしましょう。参加できたときには「できたね」などと優しく声をかけ、その姿を認めるような言葉をかけます。
いつも不安や恐怖心を もっている	今日や明日の予定を伝え、生活に見通しがもてるようにします。また、安心できるタオルや玩具など、その子の心が落ち着くお守りのような物があれば持っていてもいいことにするとよいでしょう。不安や恐怖心なく過ごせたときは、「○○が楽しそうだったね」などと優しく声をかけ、安心して過ごせたことを認めましょう。
なにが起こっているのか わからずに、混乱している	混乱している最中は、声かけはせずに静かになるのを待ちます。静かになったとき「どうしたのかな」と気持ちを聞きます。もし、原因がわかっているときは「○○がしたかったのかな」と気持ちをくんで言葉にしてあげましょう。
イライラしているが、 自分でも原因がわからない	イライラしている最中には声をかけず、安全な場所にいることを確認したうえで、静かになるのを待ちます。静かになったときに、「○○しようか」と気持ちの切り替えを手伝います。
言葉が出にくくなる	無理に言葉を出そうとするのではなく、子どもが伝えたいことを大人が代弁し安心できる環境をつくります。子どもの気持ちを聞きたいときは、「どっちかな?」などと二者択一で答えやすいようにしてあげるとよいでしょう。
眠れない	午睡は無理にとらせようとするのではなく、横になり静かに身体を休ませていればよしとします。夜間に眠れない場合には生活リズムを見直し、それでも困難な場合には保護者と相談し、医療機関への受診をおすすめします。
不安で親から離れられない	無理に親から離そうとするのではなく、予定を伝えて(いつお迎えに来るのか・いない間は誰が側にいるのか、など)見通しや安心感がもてるよう配慮し、自然に集団に入ってくるのを待ちます。子どもだけでなく、親にも安心できるような声かけも適宜行うようにします。
退行反応がでる(指しゃぶり、おねしょ、舌足らずの話し方)	退行反応がみられた場合には、それを指摘したり、無理にやめさせたりせず、子どもの話に寄り添い受けとめます。子どもが安心できる環境にすることで、徐々に元にもどります。

新型コロナウイルス感染症について話す
（世の中で騒がれていることへの理解を支援する）

子どもを取り巻く環境は、新型コロナウイルス感染症の流行に伴い、目まぐるしく変化しています。起きていることに対して子どもが不安や疑問をもち、説明を求めたときは、話をする機会をつくることが必要です。その際のポイントを紹介します。

怖さを感じていても、話をしたい子どももいれば、話をすることを怖がる子どももいます。反応は一人ひとり異なります。大事なことは子どもが不安や疑問を感じた際に、いつでも話を聞く姿勢でいることです。また、子どもにとって情報過多となっていないか、家庭でのテレビなどの視聴状況を意識することも必要です。

話をするときのポイント

- 子ども自身や家族が今は安全であることを伝え、子どもの安心を保証する
- 子どもが自分の気持ち（怖い・怒っているなど）を表現したいときには表現してよいことを伝える
- ペープサート、紙芝居、人形劇などでわかりやすくバイキン（病原体）をやっつける方法を伝える
- 手洗いや咳エチケットなど、感染拡大防止のためのルールについて、それらが子どもたち自身や周りの人をどのように守るかを伝える
- 子どもができること、今起きている事実、今の状態がずっとは続かずウイルスをなくすための薬やワクチンがあることも話す（下記例参照）

 例 **子どもができること**…手洗い・うがい・鼻かみ・マスクをするなど、このウイルスから自分や友達・家族を守るためにできることがあるということ

今起きている事実……ウイルスが新しく出てきたものであり、大人にもわからないことがたくさんあるということ。逆に、わかったこともたくさんあるということ

見通し………………たくさんの専門家がこのウイルスで病気にならないよう、病気になっても元気になれるよう、仕事をしているということ

参考：セーブ・ザ・チルドレン『誰もができる、緊急下の子どものこころのケア「子どものための心理的応急処置」』
全国保育園保健師看護師連絡会「保育現場のための新型コロナウイルス感染症対応ガイドブック第3版」

4章 症状に対する具体的な対応と心のケア

75

感染症流行期の心のケア

保護者の心のケア

　日々、子どもが園で楽しんでいる姿や成長を伝え、保護者支援をすることも保育者の大切な役割のひとつです。子どもとともに不安やストレスを抱えた保護者と関わる際のコミュニケーションや支援方法を知っておきましょう。

不安やストレスを抱えた保護者との
コミュニケーションや支援

- 必要としていることや心配事を確認する
- 自ら話すことを聞く
- 安心して落ち着けるよう手助けする
- 基本的な需要（衣・食・住）を満たし、可能な限り日課や習慣を保つ支援をする
- 規則正しい生活を保つ支援をする
- 室内でも、ストレッチやラジオ体操をするなど、少しでも身体を動かす工夫を生活のなかに取り入れる提案をする
- 自分の力で自分を守れるよう支援する（手洗い、咳エチケット、適度な運動など）
- 信頼できる情報を得られるように手助けをする（公共サービス、社会的支援につなぐ）

参考：セーブ・ザ・チルドレン「感染症対策下における子どもの安心・安全を高めるために」

5章

園の感染症
リスク管理

「感染症が園で流行したとき」を想定し、
事前に対応策を検討しておきましょう。
すべきことを園や職員全体で確認することで、
感染拡大は防げます。

感染症が発生したときの対応

　園内で感染症や、それらが疑われる状況が発生したときは、園児の健康を守るためにも、冷静に適切な対応をとることが大切です。

　そのため、事前に感染症が発生したときの対応を想定しておき、拡大を抑えるリスク管理が求められます。

❶ 発生状況の把握と記録の確認をする

　感染症を疑う症状はいつから、どのくらいの人数で発生していたか、発生状況の確認と園がとった措置について、保健日誌を確認し、記録の集計を行います。

■園児・職員の健康状態（症状の有無）を、発生した日時とクラスごとにまとめる。

■欠席者の人数と理由、受診状況と診断名、検査結果、治療内容、回復し登園した子どもの健康状態の把握と回復までの期間、感染症終息までの推移を記録する。

調査に必要な資料

○クラス別名簿……職員名簿、児童名簿（兄弟がわかるように）
○クラス別出欠席状況、有症状者状況
○施設の見取り図
○行事予定表（月間予定表）
○職員の定期検便の結果
○清掃、消毒等のチェック
　（食中毒の発生が疑われる場合は「献立表」「水の管理記録簿」が必要資料に加わります）

❷ 感染拡大の防止に努める

■感染症が疑われる園児は、保護者の迎えを待つ間等、別室で保育するなどの対応を検討する。

■流行中はクラス別保育をする。早朝や延長保育の際も部屋を仕切るなど、子ども同士の接触を避ける使い方をする。

■感染症と診断された園児の保育については、保護者や嘱託医と相談し必要に応じて登園を見合わせ、登園後の個別対応などを検討する。

■施設長は必要時には、嘱託医・園児のかかりつけ医や保健所・市区町村保育担当課へ相談し、対応を検討する。

■嘱託医や看護師が配置されている場合は、対応について相談し、必要に応じて適切な消毒などを行う。

■感染症が発生している時は、職員全員で情報を共有し、手洗い、便などの排泄物やおう吐物の適切な処理を徹底する。診断前で感染症が疑われる場合も、予防対策をとることが必要である。

■感染経路には、①空気感染 ②飛沫感染 ③接触感染 ④経口感染 などがあるので、それぞれに対する予防策を徹底する。

■換気を積極的に行う。空気の流れが滞る場所には扇風機やサーキュレーターで流れをつくる。

❸ 嘱託医へ相談をする

　感染症の発生時や感染症が疑われる場合の対応については、施設職員だけでは判断を迷うこともあるので、嘱託医に相談し、疾患によっては保健所から適切な指示を受けることで感染拡大を予防しましょう。平常時から施設での取り組みについて情報提供したり、感染症の発生やその対策について情報交換をしたり、助言を得るなど外部機関との連携体制を構築しておくとよいでしょう。

感染症が発生したときの対応

❹ 行政へ報告を行う

　施設内で感染症により複数の患者が発生した場合、必ず保健所と市区町村保育担当課に連絡します。集団発生が疑われる場合、保健所は市区町村保育担当課と連携して訪問調査を行います。また、発生状況などを把握し、感染源や感染経路の推定をし、感染拡大防止対策の相談や助言を行います。

感染症発生時の報告基準

下記①②③のような場合、施設長は、市区町村に対して感染症または食中毒が疑われる者（園児・職員）の人数、症状、対応状況を報告し、保健所にも報告して指示を仰ぐなどの措置が求められます。

①同じ感染症もしくは食中毒による死亡者、または重篤患者が1週間以内に2名以上発生した場合（麻しん、風しんに関しては1名でも発生した場合）
②同じ感染症もしくは食中毒の患者、またはそれらが疑われる者が10名以上、または全利用者の半数以上発生した場合
③①・②に該当しない場合であっても、通常の発生動向を上回る感染症の発生が疑われ、特に施設長が報告を必要と認めた場合

■下痢・おう吐症状等が発生したときは、「いつ」「どこで」「だれが」「どれくらいの人数」発生しているかを確認し記録します。なお、おう吐については、おう吐した場所や時間も記録する。

■約1週間前までの出席状況と欠席者、または早退者の症状の有無を確認しておく。

市区町村保育担当課

嘱託医

保健所

保育施設 等

保育施設と保健所は、自治体によっては市区町村がつないでくれる場合もあります。

※報告基準に該当した場合は、急ぎ保健所に連絡する。連絡先、連絡方法は普段から確認しておく

❺ 職員間の連絡を行う（休日夜間を含む）

感染症発生時に迅速・適切に対応できるよう、普段から施設職員や関係機関の連絡体制を整備しておきましょう。また集団感染の発生時、職員や保護者が適切な感染防止行動がとれるよう、正しい情報を迅速に伝える方策の検討も必要です。

整備しておく連絡体制
- 職員の情報連絡網を作成しておく。
  - ・勤務時間内の連絡網
  - ・勤務時間外の連絡網
  - ・速やかに施設長へ報告する体制
- 集団発生時は、市区町村保育担当課・保健所・嘱託医・保護者などに速やかに情報を伝えるため、関係機関や関係者の連絡先を把握しておく。

❻ 保護者への連絡・協力依頼

感染症の疑いのある子どもを発見した場合は、保護者との連絡を密にし、かかりつけ医等の診察・治療や指導を受けるように助言する必要があります。感染症の診断が出た場合には、その感染症の種類によっては、感染症法に基づく行政機関からの指示や、学校保健安全法に準拠した登園停止等の措置をとる場合がありますので、協力を得られるよう、あらかじめ保護者へ説明しておくことが大切です。

また、園において集団発生が起きた場合には保護者への説明や、感染拡大を防止するために協力依頼をする必要が出てきます。連絡帳やお迎え時の個別報告ばかりではなく、全家庭への文書による報告や保護者会の開催など、必要に応じて対応してください。いざというときに慌てないよう、対応方法をあらかじめ決めておきましょう。

予防方法や看護方法についても情報提供し、登園の目安の重要性を伝え、感染拡大につながらないために守ってもらうよう説明することが重要です。

新型コロナウイルス感染症が

※各自治体の方法を必ず確認するようにしてください。

- 別室に隔離し、すぐに保護者へ連絡する

- 保護者に、かかりつけ医や発熱相談センターに電話相談をするよう伝え、結果は園に報告してもらうようお願いする

① 発熱等、疑わしい症状がある

② 電話相談の結果、新型コロナウイルス感染症の疑いがあり、受診・PCR検査を行う

検査結果が出るまでに下記のことを行う

- 感染の疑いがある園児は、PCR検査の結果が出るまで登園を停止する
- 感染の疑いがある職員は自身で抗原定性検査キットで検査し、陽性だった場合は地域の健康フォローアップセンターに登録して自宅療養する
- 同様の症状の園児や職員がいないか把握する
- 症状が出る2日前からの園児の登園・職員の出勤リストを作成しておく。同室内にいた園児や職員、合同保育の時間など、園内の動きをリストと合わせて書き出す
- 検査結果が出るまで、対象児のクラスと他のクラスの園児の接触を最小限にする

疑われるときの対応例 (2022年11月現在)

感染症発生時の連絡先リスト

**陽性と判明したら
行うこと**

- 市区町村保育課・保健所・嘱託医へ連絡
- 濃厚接触者リストの提出準備

関係機関	連絡先
発熱相談センター	
市区町村保育担当課	
保健所	
嘱託医	

③ 陽性と判明

④ 入院、または
自宅療養・宿泊療養等

- 保健所が、濃厚接触者リストに基づき、濃厚接触者の調査を行う

→ ● 行政の要請等による休園の判断

- 園児や職員など、濃厚接触が疑われる者は原則5日間の自宅待機をし、最終接触から7日目までの園児や職員のいるクラスは基本的な感染対策を行う

休園措置の場合

- 園児の保護者へ連絡
（感染者とその保護者のプライバシーに配慮した情報提供を行う）
- 休園中、園児・職員の健康状態を把握する
- 保健所からの指示に応じて、健康観察結果を報告する

保護者に協力してもらう体制づくり

　感染症予防対策に、保護者の協力は欠かせません。園内の感染状況をお知らせしたり、対応を事前に伝えておいたりといった情報の共有があると、保護者も対策や心構えができてよいでしょう。

子どもの健康情報を共有する

　園での子どもの健康状態を伝え、家庭で把握できるよう常に意識しておきましょう。家庭では気づかない子どものいつもと違う様子や、園では知ることのできない子どもの姿が家庭ではあることを常に意識して、保護者と情報を共有するようにしましょう。

　また、園に通う子どもだけではなく、その兄弟や家族の健康状態、所属する学校・職場等の感染症流行状況を把握することも大切です。

園や地域の感染状況を伝える

　事前に園や地域で発生している感染症について伝えておくと、保護者側も心構えや対策をとることができます。「学校等欠席者・感染症情報システム」（P.88参照）などを活用し、どのような感染症が出てきているかなど、掲示板やおたよりなどでお知らせをしておくとよいでしょう。

事前に対応策を伝えておく

　感染症が疑われる際や、おう吐・下痢などの症状が出た際の対応などを、あらかじめ保護者に伝えておきましょう。おう吐物で汚れた衣服や、下痢のおむつなどは感染症を園で拡大させないために、家庭に返却することが原則です。しかし、そのことを知らなければ、体調の悪い子どもがいるなかで、汚れた衣服やおむつを返却されることに驚かれたり、不信感をもたれたりすることがあるかもしれません。なぜこのようなことをしているのか、その理由をていねいに、そして前もって伝えることで、保護者の理解を得るようにしましょう。

保育者自身が感染症について知識をもつ

　感染症を防ぐためには、保育者自身が感染症に対する正しい知識を得て、保護者に伝えることが大切です。保育者だけでは知識が足りないときや情報があいまいなときは、嘱託医や看護師にも協力を求めるようにしましょう。

普段から信頼関係を築く

　保護者と積極的にコミュニケーションをとる、話をしっかり聞く、報告・連絡・相談を欠かさないなど、日頃からの保護者との向き合い方で信頼関係が築かれていきます。そういった関係であると、いざというときに協力を得られやすくなります。

保育者の健康管理

保育者から子どもたちへ、子どもたちから保育者へと感染が拡大することもあります。
日頃から保育者自身の体調の管理や確認はとても大切です。

感染症に対するリスク管理チェックリスト

- [ ] 健康診断や歯科検診を定期的に受けている
- [ ] 保育前後、保育中は手洗いを徹底している
- [ ] 服装と頭髪は清潔にし、爪は短く切っている
- [ ] 咳エチケットを徹底している
- [ ] 保育者自身が感染源とならないように、発熱、咳、下痢、おう吐がある際はすぐに病院へ行っている
- [ ] 感染源となり得る尿、便、おう吐物、血液などの処理方法を徹底している
- [ ] 保育者自身の予防接種状況、かかったことのある病気を把握している
- [ ] 必要な予防接種※を受けている
  ※必要な予防接種……麻しん(はしか)・風しん・水痘(水ぼうそう)・流行性耳下腺炎(おたふくかぜ)(これらの病気ににかかったことがなく、1歳以上で予防接種を2回受けていない場合)。毎年のインフルエンザ予防接種。B型肝炎ワクチン。
- [ ] 早寝・早起きなど、規則正しい生活を送るようにしている
- [ ] 日頃から健康状態の確認や共有を職員間で行っている
- [ ] 体調が悪いときは早めに医療機関を受診している
- [ ] 家族に下痢やおう吐などの症状がある際は、出勤を控えている

\ ココも注意! /
- 乳児クラスの保育者のエプロンは、よだれが付きやすいのでこまめに交換する
- 職員室内の感染にも留意。パソコンや電話の受話器なども共有していることを忘れずに
- 休憩中や食事の際の会話は飛沫感染の恐れ大。黙食やアクリル板の用意をする

ストレスチェックと対処法

　ストレスは身体や心にさまざまな不調を引き起こします。職場や個人でできるストレスへの対処方法を知り、自分自身を大切にすることが、子どもを大切にすることへつながっていきます。

ストレスによる身体の反応例

- 疲れる
- だるい
- 頭痛
- 肩こり
- 便秘
- 下痢
- 胃が痛い
- 食欲がない
- 食べられない
- 食べすぎる
- 眠れない
- 腰痛
- 血圧が上がる

など

ストレスによる心の反応例

- 緊張する
- 憂うつ
- 自信がない
- 考えがまとまらない
- 涙が出る
- 興味が出ない
- イライラする
- 楽観的になる
- テンションが上がる

など

職場でできる ストレスの対処法

- 職員間のコミュニケーションを図るよう心がけ、互いに労をねぎらい、支え合う
- 職員同士で話を聞くなどの時間をもつ（本人が気づいていないストレスに気がつくことがある）
- 管理職は職員が疲れたときや体調不良のときに、安心して休暇が取れるよう職員配置を行う
- 管理職は職員の疲れが蓄積しないよう、長時間勤務をできるだけ避ける

個人でできる ストレス対処法

- 普段と同じ生活スタイルや生活習慣を心がけ、心身の健康状態の維持に努める。食事や睡眠をしっかりとる
- 自分で評価できるセルフチェックリストを活用する
  ※参考：厚生労働省『働く人のメンタルサポートサイト「こころの耳」』
- 自分の仕事量の限界を知っておき、限界を超える前に周囲に応援を求める
- よい保育を行うため、疲れ切ってしまう前に休暇をとる
- 家族や友人などとコミュニケーションをとり、気分転換をする
- 信頼できる人に話を聞いてもらう
- 自分自身がリラックスでき、楽しいと感じることで気分転換をする
  ※ストレスへの対処をしていても軽減できない場合もあります。そのようなときは、専門家の支援を受けることも検討しましょう。

「サーベイランス」とは？

　サーベイランスとは、注意深く監視することを意味します。感染症などの情報を収集し、検証、分析を経て、その結果を共有することで、各々が心構えをしたり対策を前もって講じることができます。発熱や呼吸器症状をもつ園児や職員の人数、クラスの日々の変化をわかるように整理して記録することで、感染症の動向が把握できることがあります。

　例えばインフルエンザは毎年12月末に発症者数が増加し、1月後半〜2月初旬にピークを迎えます。そういった流行情報がニュースに流れると、手洗いの回数を増やしたり、人混みを避けるようになったり、かぜ症状が出た際はインフルエンザの可能性を考慮して早めに医療機関に受診をしたり、といった対策がとれ、感染症拡大の阻止につなげることができます。

　感染症の発生状況の詳細は各自治体のホームページでも公表され、最新の動向を知ることができます。また、日本学校保健会によって運用されている「学校等欠席者・感染症情報システム」というインターネット上のデータベースの情報を共有し、感染症の拡大防止に役立てる動きも広まっています。

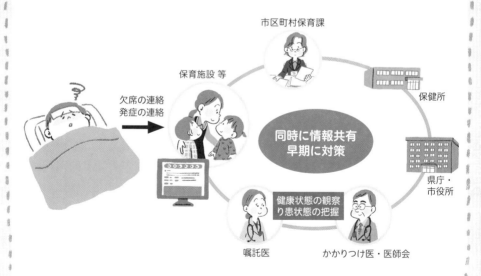

参考：日本学校保健会「学校等欠席者・感染症情報システム」

6章

資料編

掲示に使えるフォーマットや文例
また、体調不良児記録表や保健日誌を用意しました。
コピーしてご活用ください。

園内掲示・おたより文例

　感染症の拡大防止のため、園の掲示版やクラスのおたよりで、各家庭に対して注意を促すことは効果的です。

　文例を紹介しますので、そのままコピーしたりアレンジしたりしてご活用ください。

書き込んで使える基本フォーマット

潜伏期間	予防接種
〜	

症状

登園の目安

■気をつけること

〈記入文例〉

インフルエンザ に注意!
短期間で爆発的に流行する感染症です。

潜伏期間

1〜4日（平均2日）

症状

- 悪寒、頭痛、高熱があり、鼻水や咳、けん怠感や筋肉痛などの症状も出る
- 気管支炎、肺炎、中耳炎、熱性けいれん、急性脳症等の合併症が出る場合もある

登園の目安

発症後5日を経過、かつ解熱後3日を経過してから

予防接種

任意接種。生後6か月から接種可能。2〜4週間の間隔で2回接種をする

■気をつけること

手洗い、うがいをして予防し、流行期に発熱や咳などの症状がみられた場合は、お休みをしてご家庭で様子を観察するようお願いします。けいれんや意識障害、異常行動がみられたら、すぐに医師に相談してください。

おたふくかぜ に注意!
りゅうこうせいじかせんえん
流行性耳下腺炎ともいいます。耳の下の耳下腺が炎症をおこす病気です

潜伏期間

16〜18日

症状

- 耳の前方にある耳下腺や顎の下にある顎下腺が腫れ、痛みを伴う
- 発熱することが多い

登園の目安

腫れが出た後5日経過、かつ全身状態が良好になってから

予防接種

任意接種。1回目は1歳を過ぎたら早期接種し、2回目は麻しん・風しん混合（MR）ワクチンと同時期で接種することが推奨されている

■気をつけること

酸っぱいものを食べると痛みが強くなるので、なるべく避けましょう。髄膜炎や難聴を引き起こすこともあるため、気になる症状があれば医師に相談してください。

水ぼうそう に注意!

水痘ともいいます。発しんがみられる伝染性の強い感染症です。

潜伏期間
14〜16日

症状
- 発熱や発しんがみられ、かゆみや痛みを伴う場合もある
- 発しんは赤い発しん、小さな発しん、水ぶくれの順に進行し、かさぶたになる

登園の目安
全ての発しんがかさぶたになってから

予防接種
定期接種。1歳になったら1回目を接種し、そこから6〜12ヶ月あけて2回目を接種する

■気をつけること
水ぶくれのなかにはウイルスが存在するので触らないように気をつけましょう。かさぶたになると、ウイルスはありません。感染力が非常に強いので、園児だけでなく、ご家族が予防接種をしているかどうかもご確認ください。

はしか(麻しん) に注意!

感染力の強い感染症です。高熱後、発しんが身体全体に広がります。

潜伏期間
8〜12日

症状
- 発熱の症状が一度高まり、おさまりかけてから再度高まる
- 最初の発熱時には目やにや咳、鼻汁の症状が出る
- 二度目の発熱は高熱で、赤い発しんが全身に出る
- 3〜4日で高熱は下がり、発しんも消失するが、しばらくは色素沈着が残る

登園の目安
解熱後、3日経過してから

予防接種
定期接種(麻しん・風しん混合(MR)ワクチン)。1歳児で1回目、年長児(小学校入学前の1年間)に2回目

■気をつけること
はしかは感染力が強く重症化しやすいため、1歳になったらすぐに予防接種をしましょう。

ノロウイルス感染症 に注意!

ウイルス性の感染性胃腸炎のひとつです。

潜伏期間

12〜48時間

予防接種

なし

症状

- おう吐、下痢がみられ、発熱や腹痛を伴う場合もある
- 長期免疫が得られないため、再感染することもある

登園の目安

おう吐や下痢の症状が消失し、全身状態が良好になってから

■気をつけること

ノロウイルスにアルコール消毒は効きません。おう吐物や便で汚れた衣類は捨てるか、次亜塩素酸ナトリウムで消毒します。症状が消えた後も便にはウイルスが排泄されるので、石けんによる手洗いを徹底しましょう。

プール熱 に注意!

いんとうけつまくねつ
咽頭結膜熱ともいいます。感染力が強く、主に夏に流行します。

潜伏期間

2〜14日

予防接種

なし

症状

- 高熱、頭痛、のどの痛みがみられ、リンパ節の腫れや痛みを伴う場合もある
- 目の充血、目やに、涙が多くなるなど結膜炎の症状がみられる

登園の目安

発熱や目の充血などの症状が消失後、2日経過してから

■気をつけること

飛沫感染や接触感染で流行することが多いので、石けんによる手洗い、家庭でもタオルを共用しないなど、予防を徹底します。感染すると高熱が数日続くので、脱水を起こさないようこまめな水分補給を心がけましょう。

体調不良児記録表

記録者氏名＿＿＿＿＿＿＿＿＿＿＿＿＿＿＿＿

●園児氏名	●生年月日	
	年　　　月　　　日	男・女

●体調の変化に気づいた時刻

　　　　　時　　　分　□登園時　□午睡時　□午睡中　□午睡後　□食事中
　　　　　　　　　　　□食後　　□保育中　□降園時
　　　　　　　　　　　□その他(　　　　　　　　　　　　　　　　　　　)

●体調の変化に気づいたきっかけ

　□熱っぽい　　□普段と様子が違う　　□本人からの訴え　　□他の子からの訴え
　□保護者からの報告　　□その他(　　　　　　　　　　　　　　　　　)

●気づいたときの状況

　□発熱　　□おう吐　　□下痢　　□咳　　□食欲がない　□元気がない　　□ぐずる
　□泣きやまない　　□ぐったりしている　　□呼吸があらい　　□不機嫌
　□熱っぽいが元気　　□その他(　　　　　　　　　　　　　　　　　)

●体温

　(　　.　　℃)　(　　.　　℃)　(　　.　　℃)　(　　.　　℃)
　　時　　分　　　　時　　分　　　　時　　分　　　　時　　分

●対処

　□保護者に連絡(　　　　　　　　　)頃にお迎え
　□受診(病院名:　　　　　　　　　)
　□投薬
　□与薬(預かっていた薬:　　　　　　　　　　　　　　　)
　□安静に過ごす
　□その他(　　　　　　　　　　　　　　　　　　　　　)
　□救急車(搬送先病院:　　　　　　　　　　　　　　　　)

●その後の保育

　　　　　可　・　否　(降園時刻:　　　　　　　　　　)

◎決定の理由＿＿＿＿＿＿＿＿＿＿＿＿＿＿＿＿＿＿＿＿＿
　　　　　　＿＿＿＿＿＿＿＿＿＿＿＿＿＿＿＿＿＿＿＿＿
　　　　　　＿＿＿＿＿＿＿＿＿＿＿＿＿＿＿＿＿＿＿＿＿

◎保育方法　□別室で保育　□安静に過ごす　□通常の保育　□食事(通常食・特別食)
　　　　　　□その他(　　　　　　　)

　　　　　　　　決定者氏名＿＿＿＿＿＿＿＿＿＿＿＿＿＿＿

保健日誌

記入例を参考に毎日の園児の出欠状況や保健行事などを記録し、日々の活動に活用してください。

年　月　日（　）	天気　　　　温度　　℃　湿度　　％	園　長

特記事項	○○○○（5歳）11時10分室内で友だちの持っていたブロックが本児の右目まぶたにあたり、8mmの傷ができ出血したため、流水で洗い止血した。保護者に連絡後看護師と○○形成外科クリニックに受診して、縫合を受けた。	記録者

クラス	〔名前（欠席理由の病名）〕	〔名前（その他の欠席理由）〕	〔健康状態・応急処置〕
0歳	○○○○（発熱） ○○○○（中耳炎）	○○○○（都合）	○○○○鼻汁が多い。
1歳			○○○○鼻汁が多く、咳もあるが平熱。
2歳	○○○○（インフルエンザ）	○○○○（3歳児健診）	
3歳			○○○○午前中から咳が多く、食後おう吐あり。12時半、熱が37.8度になり、母に連絡して保健室で安静に過ごす。14時早退。
4歳		○○○○（引っ越し）	○○○○食後にクラスの入口のドアに左中指をはさみ、内出血あり。 流水で冷やし、湿布薬を使用して様子をみた。指の動きあり、腫れなし、夕方内出血は軽減する。
5歳	○○○○（胃腸炎）	○○○○（都合） ○○○○（都合）	
職員備考	インフルエンザ……計○名 胃腸炎……計○名 職員細菌検査提出……計○名		

6章　資料編

参考：全国保育園保健師看護師連絡会「保育のなかの保健 第2版」

《総監修》
三石 知左子

東京かつしか赤十字母子医療センター院長・小児科医。札幌医科大学医学部卒業、東京女子医科大学母子総合医療センター小児保健部門を経て現職。専門分野は小児保健、ハイリスク児のフォローアップ。健診等を通じて乳幼児の発育発達、育児相談を中心に診療。小児科専門医、子どもの心相談医、日本小児保健協会代議員、日本タッチケア協会幹事、NPOブックスタート理事。

《監修（保育施設の保健）》
勝又すみれ

公立保育所看護師・東京家政大学短期大学部保育科卒業、幼稚園教諭時園児のけがをきっかけに東京都立新宿看護専門学校で学び、卒業後は認可保育所にて園医.故.菱俊夫(東京大学病院小児科)の下、ファロー四徴症等のケアを経験。上智大学大学院修士課程総合人間科学研究科看護学専攻で「弟妹を迎える年長子支援」の研究テーマを得て退学し、実践中。月刊ポットに感染症対応掲載。全国保育園保健師看護師連絡会理事、日本小児保健学会・日本保育保健学会会員。

《執筆協力》

横山洋子（千葉経済大学短期大学部 こども学科 教授）
　4章_子どもへの言葉かけ例

秋山千枝子（あきやま子どもクリニック 院長）
　4章_P.74子どものストレス反応への対応

カバー・本文デザイン・DTP／ドット テトラ
カバーイラスト／ホリナルミ
本文イラスト／おおたきょうこ　ホリナルミ
　　　　　　　三角亜紀子　もものどあめ
校正／有限会社くすのき舎
編集協力／株式会社 童夢
編集／村田健太　長田直広

《参考資料》
・『保育現場のための新型コロナウイルス感染症対応ガイドブック(第3版)』全国保育園保健師看護師連絡会
・『保育所における感染症対策ガイドライン(2018年改訂版)』厚生労働省
・『保育施設における感染症対応マニュアル(第2版)』茨城県保健予防課健康危機管理対策室
・『保育所における感染症の基礎知識～新型コロナウイルス感染症への対応～』社会福祉法人 日本保育協会

保育現場で役立つ
感染症 最新マニュアル
―予防策から心のケアまで―

2021年11月　初版第1刷発行
2023年1月　　第3刷発行

総監修　三石 知左子
監　修　勝又すみれ
発行人　大橋 潤
編集人　竹久美紀
発行所　株式会社チャイルド本社
　　　　〒112-8512　東京都文京区小石川5-24-21
　　　　電話　03-3813-2141（営業）
　　　　　　　03-3813-9445（編集）
振　替　00100-4-38410
印刷・製本　図書印刷株式会社

チャイルド本社のウェブサイト
https://www.childbook.co.jp/
チャイルドブックや保育図書の情報が盛りだくさん。どうぞご利用ください。